中国科技的梦想与荣光

港珠澳大桥

——世界桥梁工程的伟大奇迹

李大光 翁永斌 著

河北出版传媒集团
河北科学技术出版社

图书在版编目（CIP）数据

港珠澳大桥：世界桥梁工程的伟大奇迹 / 李大光，翁永斌著. -- 石家庄：河北科学技术出版社， 2019.9
ISBN 978-7-5717-0056-0

Ⅰ.①港… Ⅱ.①李… ②翁… Ⅲ.①跨海峡桥—桥梁工程—介绍—中国 Ⅳ.①U448.19

中国版本图书馆CIP数据核字(2019)第217249号

港珠澳大桥——世界桥梁工程的伟大奇迹

李大光　翁永斌　著

出版　河北出版传媒集团　河北科学技术出版社
地址　石家庄市友谊北大街 330 号（邮编：050061）
经销　新华书店
印刷　北京兴星伟业印刷有限公司
开本　700 毫米 × 1000 毫米　1/16
印张　12
字数　150 000
版次　2020 年 4 月第 1 版
印次　2020 年 4 月第 1 次印刷
定价　42.00 元

序

　　中国科技在古代曾经灿烂辉煌，为人类文明做出过重大贡献。但是自明末之后，中国科技开始渐渐落后于西方。新中国成立之初，中国科技特别是高新技术领域几乎一穷二白，在极其困难的情况下，中国科技工作者发扬自力更生、艰苦奋斗精神，奋起直追。1964 年 10 月 16 日 15 时中国第一颗原子弹爆炸成功，1967 年 6 月 17 日 8 时中国第一颗氢弹空爆试验成功，1970 年 4 月 24 日 21 时中国第一颗人造卫星发射成功……以"两弹一星"为标志，中国开始了自身现代历史上第一次自主科技创新的历程。1978 年全国科学大会召开，中国迎来了"科学的春天"，在航空航天、超级计算机、海洋科学、超级工程、医药科技等众多领域取得了举世瞩目的成就。进入 21 世纪以来，我国科技发展突飞猛进，取得了一批引领世界的科技成果。正如习近平总书记在党的十九大报告中指出："创新驱动发展战略大力实施，创新型国家建设成果丰硕，天宫、蛟龙、天眼、悟空、墨子、大飞机等重大科技成果相继问世。"一系列"叫得响、数得着"的科技成果，惊艳世界。这些科技成果既增强了我国综合国力，又为改善人民生活水平做出了重大贡献。

　　河北出版传媒集团领导高度重视宣传我国发展伟大成就，亲自谋划选题，指导河北科学技术出版社组织有关专家、科普作家编写了这套《中国科技的梦想与荣光》科普图书。这套书主要介绍了包括太空探索、北斗导航、中国天眼、量子通信、中国大飞机、深海探测、巨型计算机、中国高铁等近些年对中国乃至世界产生重大影响的科技成果。在这套书中，读者在了解当代最前沿科学技术知识的同时，还会从中看到我国科学技术工作者"坚持、坚忍、坚韧"的可贵品格和"勤奋学习，自主创新"的精神；在生动有趣的科学故事中，读者可以了解到其中蕴含的科学思想、科学精神和科学方法，潜移默化中提高自己的科学素养；读者也会从科技工作者的勤奋、创新、拼搏和献身精神中受到鼓舞，并以更大的决心去迎接未来的挑战，为实现中华民族的伟大复兴而努力奋斗。

2019 年是新中国成立 70 周年，把新中国取得的科技成就宣传好，让更多的人了解中国科技发展历程，了解中国科学家艰苦奋斗、勇于创新的精神，在全社会形成爱科学、学科学、用科学的浓厚氛围，是一件很有意义的事情，我愿意向广大读者推荐这套科普图书。

中国工程院院士

2019/9.

前 言

　　这是一座中国建桥史上里程最长、投资最多、施工难度最大的跨海桥梁！它被英国《卫报》评为"现代世界七大奇迹"之一，被国内外媒体赞誉为"超级工程"。它是继丹麦瑞典厄勒海峡通道、日本东京湾跨海通道、韩国釜山巨加跨海通道、美国切萨皮克湾跨海大桥之后国际跨海工程建设史上的又一座里程碑。它蕴含着史诗般波澜壮阔的建设辉煌，创造了无数工程奇迹，承载了中国几代工程人的智慧与梦想。它的历史意义不亚于19世纪电信革命成就大西洋海底通信电缆、20世纪光电技术点燃尼亚加拉大瀑布发电厂、21世纪穿越世界屋脊的青藏铁路和横跨长江的三峡大坝。它是世界瞩目的超大型跨海集群工程，它就是"港珠澳大桥"！

　　这是一座集桥梁、人工岛、隧道于一体，目前全世界最长的跨海大桥。它的设计寿命达120年，是一座世界上最长的海底公路沉管隧道工程。33节沉管在最深45米的海底滴水不漏，成就了颠覆教科书的工程神话！一座超级大桥的诞生，展示的不仅是突飞猛进的基建力量，还有一个民族不甘沉寂的雄心和图景！

　　港珠澳大桥位于中国南海珠江出海口伶仃洋海域，东接香港特别行政区，西接广东省珠海经济特区和澳门特别行政区，是"一国两制"框架下粤港澳三地首次合作共建的跨海交通工程。港珠澳大桥整个工程投资1100多亿元人民币，全长55千米，由人工岛、桥梁和隧道组成。它还拥有世界最长、埋深最深的海底沉管隧道。

　　新中国成立70年来，我国交通运输行业经历了从落后到发展再到壮大的过程，经历了 20 世纪 90 年代的大规模高速公路建设，更是在党的十八大后进入了加快现代化综合交通运输体系建设的新阶段。港珠澳大桥作为中国交通史上投资规模最大、工程技术最复杂、建设要求及建设标准最高的工程之一，是见证我国从"建桥大国"迈向"建桥强国"的一座里程碑。

编　者

2019 年 5 月

目 录

一、海上桥梁改变世界各国交通

大桥,特别是跨海大桥,是建筑的集大成者。在中外建筑史上有一些独具风韵的跨海大桥,这些跨海大桥在给人类带来交通便利的同时,也为世界增添了美丽的景色,给人们带来了美的享受。

美国的跨海大桥 》》

世界上有很多令人惊叹的跨海大桥,你甚至无法想象这些震撼人心的大桥是如何建成的。建桥是一项庞大的工程,当你行驶在跨海大桥上,一边驾驶,一边感受周围的美景,是一件非常惬意的事情。但是现在有这样一座桥,让你感觉到的是胆战心惊,这就是美国的切萨皮克湾大桥。

1. 切萨皮克湾大桥

切萨皮克湾是美国东部大西洋由南向北伸入内陆最深的海湾,位于马里兰州和弗吉尼亚州之间。由于湾岸曲折岛屿众多,为船舶停靠提供了优良条件,位于湾头的巴尔的摩和湾口的诺福克都是国际著名的海港。为了方便切萨皮克海湾两岸的交通往来以及来此旅游的国内外游客,美国政府投资兴建了切萨皮克湾大桥。

切萨皮克湾大桥是一座双向跨海大桥,桥身位于马里兰州和弗吉尼亚州之间,整座桥于 1964 年通车。

切萨皮克湾大桥从诺福克到特拉华半岛,包含 20.11 千米混凝土低位高架桥、两条长度分别为 1.6 千米的海底隧道、两座高位钢结构桥、4 个长度为 457 米的人工岛、3.2 千米堤道和 8.85 千米引桥,全长 37 千米，是当时世界最长的桥梁隧道综合体。

在切萨皮克湾大桥中间的人工岛上，可以观看大西洋湾口、世界最繁忙海运航道的壮观景象，也可以进行钓鱼、就餐、购买大桥纪念品等休闲娱乐活动。另外，切萨皮克湾大桥每年会开放一次让公众步行或骑自行车观光。

但是，切萨皮克湾大桥自通车以来，给来往大桥两端的司机造成了非常大的麻烦。为什么呢？原来当初为了方便大型船只顺利从桥下通过，大桥桥面修得离水面很高，平均高出水面近 60 米。桥面比海面高很多也就算了，更过分的是桥上的公路边没有修建路肩，加上桥面上一直有很强的横向风，很多司机一到大桥桥头就感到心惊胆战，不敢自己开车过桥。即使有些司机胆子大，也是只能小心翼翼地把车开得很慢，不仅造成桥上路面的拥堵，也给大桥本身带来了巨大的载荷。

为了保证切萨皮克湾大桥的交通畅通，美国当地政府特批准成立了汽车救援公司，为过往司机提供免费代驾过桥服务。但由于每年车到桥头即害怕的司机越来越多，目前这家公司已经没有足够的能力为两岸

◀‖ 全球十大最让人心惊胆战的桥——切萨皮克湾大桥 ‖▶

排队的司机提供及时有效的服务了。为了进一步缓解通行压力，当地政府又批准成立三家公司提供有偿代驾服务。这些不仅能为过往卡车和轿车提供服务，还可以为摩托车提供代驾服务。由于生意好到爆，

◀▌▌ 切萨皮克湾大桥 ▌▌▶

需要代驾业务的司机现在得提前几天预约，代驾公司才会派司机来，不然的话可能还得排长队等待，影响按时过桥。

当猛烈的飓风袭来，在桥上行驶的可见度会变得非常低。司机到达桥中间时，可能看不到岸边，且桥上护栏非常单薄，下面的海水波涛汹涌，非常容易让人产生眩晕感。所以，当这类情况发生时，为保证过往人员安全，政府会采取特别措施，临时关闭大桥，停止通行。

2. 金门大桥

金门海峡位于旧金山海湾入口处，两岸陡峻，航道水深，为1579年英国探险家弗朗西斯·德雷克所发现，并由他命名。

金门大桥（英文名：Golden Gate Bridge）就位于金门海峡之上，全长约2.7千米，桥面双向6车道、宽27.4米，是世界上最大的单孔吊桥之一，是世界著名的跨海桥梁之一，被认为是旧金山城市的象征。在淘金热的时候，这座桥如同是通往金矿的一扇大门，因此被命名为"金门大桥"。整个金门大桥造型宏伟壮观、朴素无华。桥身呈朱红色，横卧于碧海白浪之上，如巨龙凌空，使旧金山市的夜景更加美丽。

金门大桥的最初构想来源于桥梁工程师约瑟夫·斯特劳斯。斯特劳斯在此前设计了400多座内陆的小型桥梁。这座桥的其他主要设计者

包括决定其艺术造型和颜色的艾尔文·莫罗、合作进行复杂数学推算的工程师查尔斯·埃里斯、桥梁设计师里昂·莫伊塞弗。大桥于1933年1月5日开始施工，1937年4月完工，耗资达3550万美元，同年5月27日对外开放。

金门大桥在世界桥梁建筑史上也是一个创举。因为它不是利用桥墩支撑桥身，而是利用大桥两侧弧形吊带产生的巨大拉力，把沉重的桥身高高吊起。人们把金门大桥的设计者桥梁工程师约瑟夫·斯特劳斯的全身铜像安放在桥畔，用以纪念他对美国桥梁事业做出的贡献。

◀‖ 金门大桥夜景 ‖▶

金门大桥的北端连接北加利福尼亚，南端连接旧金山半岛。当船只驶进旧金山，从甲板上举目远望，首先映入眼帘的是大桥的两座巨形钢塔，它们使大桥显得更加壮观。钢塔耸立在大桥南北两侧，高342米，其中高出水面部分为227米，相当于一座70多层高的建筑物。塔的顶端用两根直径各为92.7厘米、重2.45万吨的钢缆相连，钢缆中点下垂，几乎接近桥身，钢缆和桥身之间用一根根细钢绳连接起来。钢缆两端延伸到岸上锚定于岩石中。大桥桥体凭借桥两侧两根钢缆所产生的巨大拉力高悬在半空之中。钢塔之间的大桥跨度达1280米，为世界所建大桥中罕见的单孔长跨距大吊桥之一。从海面到桥面的高度约60米，以确保即使涨潮，大型船只也能在桥下畅行。

金门大桥桥身的颜色为国际橘，因建筑师艾尔文·莫罗认为这个颜

◀‖ 夕阳下的金门大桥 ‖▶

色和周围环境挺协调的。另外，金门海峡常有大雾，橘色可以使大桥在大雾中显得更醒目，有利于过往船只的安全。由于金门大桥新颖的结构和超凡脱俗的外观，所以它被国际桥梁工程界认为是美的典范。

金门大桥的维护工作包括不断地给大桥进行加固，1989年洛马·普雷塔大地震发生后，专家对金门大桥脆弱性进行了评估，制订了三期加固计划。金门大桥的维护工作还包括给桥身不断涂刷橘色油漆。2011年5月开始进行开通近75年来首次整体重漆，预计四年完工。

金门大桥也是世界上最著名的自杀场所之一。1993年，当金门大桥上自杀总人数达到了1000人后便不再正式统计了。2008年自杀总人数大概已达

◀‖ 云雾中的金门大桥 ‖▶

1300 人。在 2005 年之前的 5 年，平均每两个星期就有一个人从金门大桥上跳下轻生。这也使旧金山政府不得不斥巨资在大桥上安装护栏。

日本跨海大桥 >>>

1. 濑户跨海大桥

1955 年，日本濑户内海发生了一起轮渡翻沉的重大事故，造成 160 余人死亡，这起事故促使日本政府下决心修建濑户跨海大桥。1978 年 10 月 10 日，濑户大桥开工，经过 10 年施工，1988 年 4 月 10 日，连接本州岛和四国岛的濑户大桥终于建成通车，实现了两岸人民多年的夙愿。

日本濑户大桥全长 37.3 千米，横跨濑户内海，跨海长度为 9.4 千米，由两座斜拉桥、三座悬索桥和一座桁架桥组成，构成壮观的桥梁群。根据设计，大桥可抗里氏 8.5 级大地震和风速为 60 米 / 秒的大风。它的通车，第一次把四个主要岛屿用铁路连接起来。人们终于可以乘坐火车迅速地从寒如西伯利亚的北海道穿过本州，抵达亚热带气候的九州港口和南方四国岛上香火鼎盛的庙宇。

濑户大桥耗资约 85 亿美元，是一座铁路公路两用桥，犹如一条灰白色的钢铁巨龙，穿过世界上唯一一条铁路、公路上下分开的两层式隧道，弯弯曲曲、浩浩荡荡地跨海越洋，向南直奔四国岛的香川县。大桥在海中越过 5 座小岛，从远处看去，这 5 座小岛就像 5 颗璀璨的绿色明珠，

◀‖ 濑户大桥石碑和远处的濑户大桥 ‖▶

被一根银线串在了一起。

为了不影响船只航行和景观，大桥桥墩基本上建在海中的 5 个小岛上，形成 6 座相连的大桥，它们是：下津井濑户大桥、柜石岛桥、岩黑岛桥、与岛桥、北备赞濑户大桥、南备赞濑户大桥。濑户大桥为公路铁路两用桥，它的桥面为上下两层，上层通行汽车，最高速度设计为 100 千米／时，共有并行 4 条车道，最大日通过车辆能力为 4.8 万辆。大桥的下层为双线铁路，每天通过 120 列电气化列车，最高速度设计为 160 千米／时。

濑户水域水下地质构造复杂、水面宽阔、台风时常肆虐等不利因素，激发出了人类建桥史上的大智慧。大桥桥面至海面距离满潮时约为 65 米，可通过 50 万吨级油轮。6 桥中最长的桥为南备赞濑户大桥，两座桥塔高 194 米，相当于一座 50 多层大厦的高度，跨度为 1100 米，悬索钢缆直径 1.06 米，由 34417 根 5.12 毫米钢丝组成，长约 1780 米，可承受 9 万吨的拉力。南备赞濑户大桥是世界最大的铁路、公路两用悬索桥，按抵抗里氏 8.5 级大地震和速度 60 米／秒的强台风设计，并充分考虑到自然灾害和船舶碰撞等问题。

为了防止船舶碰撞桥墩造成相互损伤，桥墩的外层选用了不软不硬和防海水腐蚀的材料。建造濑户大桥共使用钢铁 70 万吨，混凝土 280

◀║▶濑户大桥鸟瞰图◀║▶

万立方米，钢缆线 290 600 千米。过去，车辆过海需船摆渡，费时 2 小时以上，大桥建成后只需 40 分钟，而且不受天气的影响，这对本州岛和四国岛之间的经济、文化和各种信息的交流起了很大的促进作用。

濑户大桥的建成，不仅方便了两岸交通，也为濑户水域增添了一处人造景观，使日本西部这个颇负盛名的游览地锦上添花。为了人们能够全面了解大桥全貌，在四国的香川县建立了濑户大桥纪念馆，通过展出的照片、图表、模型和相关实物，可以帮助人们认识这座大桥的真面目。在纪念馆开辟的中国展厅里，还展出了香川县人士与中国友好交往的相关图片和实物。

2. 东京湾跨海大桥

东京湾跨海大桥，号称是日本最重要的跨海大桥，连接日本的核心地带。它作为环东京湾高速公路的重要一环，西起神奈川县川崎市，靠近羽田机场，东达千叶县木更津市，横跨东京湾。

东京湾跨海桥隧工程采用桥梁、隧道结合方式建造，工程费用大约合 120 亿美元。东京湾跨海公路是从川崎市的首都高速湾岸线分出后，至千叶县木更津市与馆山自动车道连接，全长共 15.1 千米，全线设置四个车道，设计最高速度为 80 千米 / 时。跨海公路分为两个主体，川崎侧为一段长 9.6 千米的海底隧道，而木更津侧为长 4.4 千米的跨海大桥，两侧接通高速公路的道路 1.1 千米，中间是兼具餐饮购物一体

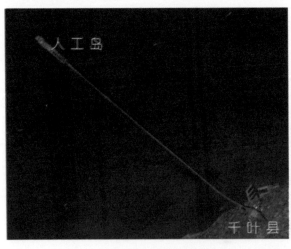

◀▏东京湾跨海大桥跨海部分 ▶▶▶

的人工岛，以连接海底隧道与跨海大桥，兼作紧急逃生之用。这座庞大的人工岛有个相当浪漫的爱称，叫作"海萤"，主要功能是司机的休息区，拥有商店、餐馆和观看东京湾风景的观景台。海萤是一种海中的甲壳类生物，体型十分微小，不过夜间会发出青色的光芒，宛如萤火虫般，十分美丽。"海萤"这个名字获得了大部分人的喜爱，

◀‖ 东京湾跨海大桥人工岛如一艘巨轮 ‖▶

◀‖ 从千叶县的渔港看东京湾跨海大桥 ‖▶

就成了这座人工岛的别称。海萤岛共有 5 层楼，内部设施相当完善，也有不少餐厅，可以从海上欣赏东京湾的夜景，非常美丽。

巴林的跨海大桥 >>>

　　法赫德国王大桥，位于波斯湾中的巴林湾，是连接巴林和沙特阿拉伯间的跨海公路大桥。大桥 1981 年开工，历时 5 年多，于 1986 年 11 月 25 日建成通车，使原先的 2 个小时轮渡缩短至现在的 20 分钟车程。

　　法赫德国王大桥的命名是为纪念沙特阿拉伯的国王法赫德。大桥

自巴林岛西部的贾斯拉（Jasra）起至沙特阿拉伯的阿济兹（Al-Azizia），全长25千米，其中填海造堤部分10千米，架桥部分15千米，由5座桥梁相连而成，中间的3号桥位于主航道上，留有一个高28米、跨度为150米的巨大桥孔，供船舶通过。桥面双向四车道，两侧有宽敞的人行道，每日可通行车辆3万辆，设计最高速度为100千米／时。包括连接公路等辅助项目，整个工程耗资达12亿美元，资金全部由沙特阿拉伯方面提供。

◀‖巴林法赫德国王大桥全景‖▶

在巴林和沙特阿拉伯水域的相交处，分别建造了两座人工岛。每座岛上分别设立了两国的海关和边防站，设有办理移民、护照、卫生、检疫、海岸警卫、行政管理等各种业务的办公大楼。岛上还建造了高塔饭店，并提供旅游一条龙观光服务。

丹麦的跨海大桥 >>>

1. 大贝尔特桥

大贝尔特桥（丹麦语：Storebæltsbroen，也有音译为斯托伯尔特桥）是一座连接丹麦西兰岛和菲英岛的大桥，横跨大贝尔特海峡，全长 17.5 千米，工程总投资 55 亿美元，是欧洲当时预算最高的桥梁工程。

大贝尔特桥是一座两车道铁路和四车道高速公路结合在一起的大桥，通过大贝尔特海峡中间的斯普奥人工岛连接起来。大贝尔特桥由西桥、海底隧道和东桥三部分组成，分为东、西两段，中间以斯普奥人工岛作为中间站。西桥从菲英岛到斯普奥岛，全长 6.6 千米。它位于哥本哈根正西 120 千米处，将丹麦第一大城市、首都哥本哈根所在的西兰岛和第三大城市欧登塞所在的菲英岛连接在一起。两岛海面距离 18 千米。它于 1987 年 6 月开始动工兴建，1997 年 6 月全线铁路通车，1998 年 8 月公路桥启用，整个工程全部竣工。

东桥建于 1991 年到 1998 年之间，是一座公路悬索桥，全长为 6790 米，其中最长的跨径为 1624 米。桥面宽度为 31 米，桥塔高度为 254 米，是丹麦的固定建筑的最高点。东桥钢筋混凝土索塔高 258 米，主缆直径 827 毫米，由 18648 根直径 5.38 毫米的钢丝组成，安装架设中采用了空中架线法，上部结构采用流线型钢箱梁，连续箱梁和索塔间未设竖向支座，为漂浮体系，从而提高了桥梁通行性能，同时也降低了后期养护的工作量。

西桥建于 1988 年到 1994 年，是一座箱梁桥，长度为 6611 米，桥

面宽度为 25 米，有 62 个桥墩，51 个跨径为 110 米的桥孔和 12 个跨径为 81 米的桥孔。西桥是由两座独立的桥连接在一起的两用桥，

北面为铁路桥，南面为公路桥，两座桥坐落在相同的桥基上。隧道是双孔隧道结构，长度为 8 千米，每隔 250 米有通道连接两条平行的主隧道。铁路控制设备就安装在连接通道中，同时也作为发生事故时的紧急逃生路线。

大贝尔特桥大大缩短了丹麦东西两岛的交通时间。在大贝尔特桥建造之前，每天摆渡的车辆为 8000 辆。大桥开通后，平均每天通过大桥的车辆约为 2.7 万辆。以前，摆渡平均需要花费 90 分钟，大桥落成后，驾驶汽车通过大桥仅需 10 分钟。相比公路交通，乘坐火车旅行的时间优势更加明显。

从国际经济角度来看，大贝尔特桥和厄勒海峡大桥一起连接了西部的欧洲大陆和北部的斯堪的纳维亚，将除少数岛屿之外的整个欧盟地区连接起来。通过这两座大桥，瑞典和德国之间的货运能够畅通无阻，甚至可以从瑞典一直运送到英国。

2. 厄勒海峡大桥

厄勒海峡是丹麦和瑞典两国之间一条天然的国界线。丹麦首都哥本哈根和瑞典的工业重镇马尔默在很长一段时间里只能隔海相望。随着经济社会的不断进步，海峡两岸居民更加需要互通有无，特别是体现在劳动力与住房上，丹麦哥本哈根的居民需要大量更便宜的住房，而瑞典马尔默的居民则需要更多的工作机会。如果能够天堑变通途，必将产生巨大的社会效益和经济效益。随着科技的不断进步，两国政府终于在1991年达成协议：建造一座横跨厄勒海峡的国际跨海大桥。

厄勒海峡大桥也称欧尔松大桥，是目前世界上已建成的承重量最大的斜拉索国际跨海大桥，全程跨度16千米，连接丹麦的哥本哈根和瑞典第三大城市马尔默。同

◀‖厄勒海峡大桥鸟瞰图，桥岛隧一体‖▶

时，欧洲E20公路则在桥上经过。它于1995年动工，于2000年5月完工，2000年7月1日正式通车。大桥的咨询设计工作由丹麦和瑞典的两家公司共同承担。大桥从瑞典城市马尔默出发，海峡中建造了一座人工岛，靠近丹麦首都哥本哈根的一段是铁路与公路合用的海底隧道，因此大桥由三部分组成，其中8千米桥梁、4千米人工岛上公路、4千米海底隧

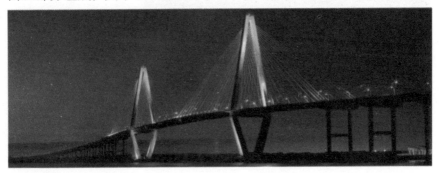

◀‖丹麦厄勒海峡大桥夜景‖▶

道。西侧海底隧道长 4050 米、宽 38.8 米、高 8.6 米，位于海底 10 米以下，由 5 条管道组成，它们分别是两条火车道、两条双车道公路和一条疏散通道，是目前世界上最宽敞的海底隧道；中间的人工岛长 4055 米，将两侧工程连在一起；东侧跨海大桥全长 7845 米，上为 4 车道高速公路，下为对开火车道，共有 51 座桥墩，中间是斜拉索桥，跨度 490 米，高度 55 米。其大桥隧道两者结合的长度，是全欧洲最长的汽车铁路两用的大桥隧道。它所连接的丹麦东部地区和瑞典南部地区将成为北欧及波罗的海地区国际性都市群最密集、经济最活跃、文化交流最频繁的地区。

◀||厄勒海峡大桥岛隧工程||▶

这一海上走廊的建成将欧洲大陆的中部和北欧的斯堪的纳维亚半岛连成一体，从而把整个欧洲连接起来。厄勒海峡大桥的东桥建有 200 米高的中央桥墩和 57 米高的船舶通过空间，保证过往海峡的船只从桥底顺利通过。大桥工程经过两国政府的认真论证和调查研究，对确保大桥不影响进入波罗的海的水

◀‖▷ 夕阳下的韩国巨加跨海大桥 ‖▶

流及减少对海洋生物破坏等都做了严格的规定。

韩国巨加跨海大桥 ≫

　　巨加跨海大桥位于朝鲜半岛最南端，是连接韩国釜山广域市和巨济岛的跨海大桥。大桥总长 8.2 千米，总投资约 13 亿美元，经过 6 年施工于 2010 年 12 月 13 日竣工。巨加跨海大桥开通后使得原来从庆尚南道巨济市到釜山加德岛的距离从原来的 140 千米缩短到 60 千米，所需时间也从 2 小时缩短到 50 分钟左右。

　　巨加跨海大桥在沉管安装项目上完全是采用欧洲的技术方案，每一节沉管安装的时候都会有几十名专家专门从欧洲飞到釜山来提供全程技术指导。

　　巨加跨海大桥工程分为海底沉管隧道路段和2 座斜拉桥路段

◀‖▷ 韩国巨加跨海大桥 ‖▶

两部分。韩国在此工程中首次引进沉管隧道施工方式。釜山加德岛至大竹岛的海底隧道总长为 3.7 千米，长度居世界海底隧道第二，仅次于港珠澳大桥海底隧道的 6.7 千米长度。

中国跨海大桥 >>>

中国人民对搞建设有一种如痴如醉的执着和热情，在国际上被称为"基建狂魔"。基建能力是中国人自带的种族天赋，在世界上称第二，没人敢称第一。在中国各种高难度的大桥比比皆是。世界十大最长跨海大桥排名中中国就占据了五座，在长度上遥遥领先其他国家。

1. 杭州湾跨海大桥

杭州湾跨海大桥（Hangzhou Bay Sea Cross Bridge）是一座纵跨中国杭州湾的跨海大桥，于 2003 年 6 月 8 日奠基开始建设，2007 年 6 月 26 日全线贯通，2008 年 5 月 1 日开始通车运营。大桥北起浙江省嘉兴市海盐郑家埭，南至宁波市慈溪水路湾，桥长 35.7 千米，海上段长度达 32 千米，双向六车道高速公路，设计最高速度为 100 千米 / 时，大桥总投资约 107 亿元，设计使用寿命 100 年。大桥设南、北两个通航孔。南通航孔桥为单塔单索面钢箱梁斜拉桥，通航标准 3000 吨；北通航孔桥为主跨 448 米的双塔双索面钢箱梁斜拉桥，通航标准 35 000 吨。除南、北航道桥外其余引桥采用 30 ~ 80 米不等的预应力

◁‖ 宏伟壮观的杭州湾跨海大桥 ‖▷

混凝土连续箱梁结构。大桥两岸连接线工程总长 84.4 千米，投资 52.1
亿元。大桥和两岸连接线总投资约 160 亿元。全桥总计使用混凝土 245
万立方米、各类钢材 82 万吨、钢管桩 5513 根、钻孔桩 3550 根、承台
1272 个、墩身 1428 个，工程规模浩大。

目前，杭州湾跨海大桥是继港珠澳大桥、美国庞恰特雷恩湖桥和中
国青岛胶州湾大桥之后，世界第四长的跨海大桥。

杭州湾跨海大桥工程规模宏大，备受世人瞩目。建设之初，作为业
主的政府部门明确提出大桥工程要按照国内最高的标准来实施。面对复
杂的建设环境和充满挑战的建设工程，组织和管理好大桥工程是摆在指
挥部面前的巨大挑战。大风、大潮、巨浪、急流、暴雨、大雾及雷电等
复杂气象水文条件，如何采取切实有效的工程控制与运行管理措施是工
程管理上需要面对的新课题。

截至 2016 年 11 月，杭州湾大桥日均车流量 3 万余辆次，平均每 3
秒钟就有 1 辆车驶上跨海大桥。2018 年 10 月 1 ~ 7 日，杭州湾跨海大
桥日均过车流量为 7.9 万辆次，同比增长 7%，创历史新高。

杭州湾跨海大桥的护栏为彩虹七色，每种颜色覆盖 5 千米，自慈溪
到嘉兴海盐分别为红、橙、黄、绿、青、蓝、紫。

杭州湾跨海大桥的奠基碑是中国第一座青铜奠基碑，其高 100 厘米，
厚 25 厘米，重 500 千克；由铸、锻、刻等多种工艺制作而成，是传统
艺术和现代技术融合的结晶，由中国工艺美术大师朱炳仁创意制作。

杭州湾跨海大桥海中平台位于桥梁约 18 千米左右位置处。在杭州
湾跨海大桥建设期间，海中平台用于工程测量、应急救援和物资堆放。
杭州湾跨海大桥建成后，海中平台进行改造，变成了海中观景平台，并
命名为"海天一洲"。"海天一洲"以白色和蓝色为主调，外形像一只
展翅飞翔的雄鹰，分为主体平台和观光塔两部分，主体平台共有 6 层，
观光塔共 16 层，高 145.6 米。

◀‖ 杭州湾跨海大桥"海天一洲"效果图 ‖▶

　　"海天一洲"是杭州湾跨海大桥的点睛之作，它的建成使杭州湾跨海大桥更加壮观更加秀丽。在这里，望海、观潮、品大桥，是国内外独特的海上观光场所，是杭州湾区域的地标性建筑之一。

　　杭州湾跨海大桥设计要求新，其中 18.27 千米的水中区引桥和 10.1

◀‖ 夜晚"海天一洲"美景 ‖▶

千米的南岸滩涂区引桥，是整个工程的关键。

杭州湾潮差大、流速急、流向乱、波浪高、冲刷深、软弱地层厚，部分区段浅层气富集。其中，南岸 10 千米滩涂区干湿交替，海上工程大部分为远岸作业，施工条件很差。受水文和气象条件影响，有效工作日少，据现场施工统计，海上施工作业年有效天数不足 180 天，滩涂区约 250 天。

建成后的杭州湾跨海大桥直接促进了宁波、嘉兴社会经济的发展，对浙江省乃至长江三角洲南翼地区的整体发展产生积极影响。据统计，杭州、宁波、温州、绍兴、台州五市的 GDP 占浙江全省 70% 以上。杭州湾跨海大桥的建成使这些地区的经济发展如虎添翼，为区域经济和社会进一步腾飞注入新的活力，为浙江省整体综合实力的提升发挥更大作用。

◀‖ 杭州湾跨海大桥远景设计图 ‖▶

杭州湾跨海大桥作为中国沿海大通道中的第一座跨海大桥，突破了杭州湾的瓶颈，优化了长三角区域国道主干线的路网布局，缓解了沪、杭、甬高速公路流量的压力，改变了宁波交通末端状况，有利于实施环杭州湾区域发展战略网，有利于促进苏、浙、沪旅游发展。杭州湾跨海大桥的建设也有利于支持上海国际航运中心建设，促进宁波、舟山深水良港资源的整合开发和利用，有利于旅游业的发展和国防建设，有利于缓解杭州过境公路的交通压力。

杭州湾跨海大桥建成大力推动了"长三角"地区合作与交流，大大缩短了浙东南沿海与上海之间的时空距离，有利于推进城市化发展战略。杭州湾跨海大桥的建设进一步密切嘉兴、宁波、绍兴、台州等城市的联系，促进杭州湾城市连绵带和沿海对外开放扇面的形成，从而将这一区域提升为"长三角"都市群的最重要组成部分。杭州湾跨海大桥提高了浙江省改革开放的水平，提升了综合实力和国际竞争力。

2. 青岛胶州湾跨海大桥

青岛胶州湾跨海大桥是一座横跨胶州湾的大型跨海大桥，东起青岛市崂山区海尔路入口处，途经红岛，跨越胶州湾海域，西至黄岛红石崖。一期路线全长28.047千米，二期工程12千米，其中海上段长度25.171千米，青岛侧连接线749米、黄岛侧连接线827米、红岛连接线长1.3千米。工程概算投资90.4亿元，于2011年6月正式运营通车。整个胶州湾大桥工程包括沧口、红岛和大沽河航道桥、海上非通航孔桥和路上引桥、黄岛两岸连接线工程和红岛连接线工程，李村河互通、红岛互通以及青岛、红岛和黄岛三个主线收费站及管理设施。

青岛胶州湾跨海大桥双向六车道，设计最高速度80千米/时，是国家高速公路网G22青兰高速公路的重要组成部分，是山东省"五纵四横一环"公路网上框架的组成部分，是青岛市胶州湾东西两岸跨海通道中的桥梁。环胶州湾高速公路长约70千米，而大桥项目的建设将青、红、黄三岛便捷地

◀‖胶州湾跨海大桥是G22青兰高速公路的重要组成部分‖▶

联系在一起，使青岛至黄岛陆路距离缩短近 30 千米。如果以 80 千米/时的速度计算，走大桥将比走高速路节省 20 分钟！

青岛胶州湾跨海大桥于 2011 年

◀‖通行中的青岛胶州湾跨海大桥‖▶

被美国《福布斯》评为"全球最佳桥梁"。2013 年 6 月，美国匹斯堡第 30 届国际桥梁大会（IBC）向青岛胶州湾跨海大桥颁发乔治·理查德森奖，这是迄今为止中国桥梁工程获得的最高国际奖项。

青岛胶州湾跨海大桥建成后使得济南和青岛两座城市的交通更为便捷。以前，车辆沿济青高速南线至黄岛后须绕行胶州湾高速才能到达青

◀‖青岛胶州湾跨海大桥全景‖▶

岛；大桥建成后，车辆沿济青南线、大桥即可一路直通青岛。大桥还将进一步促进青岛与山东半岛城市群各城市间的交通联系，对发挥青岛在山东省经济发展的龙头地位，进一步加快山东半岛城市群建设，促进山东半岛旅游业发展具有重要意义。

胶州湾大桥是青岛"环湾保护、拥湾发展"战略中的一个重要交通枢纽。大桥的建成，大大缓解了青岛胶州湾高速公路的交通压力；进一步完善青岛市东西跨海交通联系，扩大了青岛市城市骨架，缩小了青岛、红岛、黄岛的时空距离，加强了主城区与两翼副城区的联系，塑造了拥抱胶州湾的大青岛城市框架，为青岛城市的深度发展拓展出崭新的空间。

3. 东海大桥

东海大桥是中国东海一座连接上海市与浙江省的桥梁工程，位于中国浙江省杭州湾洋山深水港海域内，为沪芦高速公路的南段部分。之前上海的桥梁主要是依黄浦江、苏州河而建，最长的桥是连接崇明岛和长兴岛的长江大桥，而东海大桥则是上海市第一座真正的外海跨海大桥。东海大桥工程 2002 年 6 月 26 日正式开工建设，历经 35 个月的艰苦施工，

◀‖ 东海大桥夜景 ‖▶

于 2005 年 5 月 25 日实现结构贯通。 2003 年 7 月 13 日，时任中国国家主席江泽民为东海大桥题写桥名。东海大桥是上海市跨越杭州湾北部海域通往洋山深水港的跨海

◀‖鸟瞰东海大桥‖▶

长桥，它以"东海长虹"为创意理念，宛如中国东海上一道亮丽的彩虹。

东海大桥的建成通车，为洋山深水港年内建成开港，加快上海国际航运中心的建设奠定了基础。东海大桥全长约 32.5 千米，其中陆上段约 3.7 千米，芦潮港新大堤至大乌龟岛之间的海上段约 25.3 千米，大乌龟岛至小洋山岛之间的港桥连接段约 3.5 千米。大桥按双向六车道加紧急停车带的高速公路标准设计，桥宽 31.5 米，设计最高速度 80 千米/时，设计荷载按集装箱重车密排进行校验，可抗 12 级台风、7 级烈度地震，设计基准期为 100 年。大桥的最大主航通孔，离海面净高达 40 米，相当于 10 层楼高，可满足万吨级货轮的通航要求。 159 米高的两座大跨度海上斜拉桥主塔在国内最高；位于颗珠山岛和大乌龟岛之

◀‖鸟瞰东海大桥‖▶

间的深海大堤绵延 1.22 千米，也是国内的突破和创新；而最大的奇迹在于建设速度——在风高浪急的外海，运用高效、科学的施工技术，实现大桥贯通仅用 3 年。东海大桥位于杭州湾口东北部，舟山群岛西侧起始于上海浦东新区芦潮港，北与沪芦高速公路相连，南跨杭州湾北部海域，直达浙江嵊泗县小洋山岛。气势恢宏的东海大桥，一头挑起"东海明珠"的洋山岛，一头连接上海南汇的海港新城和物流园区，好不威风！

4. 金塘大桥

金塘大桥位于中国浙江省舟山市，西起宁波市镇海区蛟川枢纽立交，上跨灰鳖洋海域，东至金塘岛引桥立交收费站，其路沿东接西堠门大桥；途经该桥路线为甬舟高速公路（国家高速 G9211）。

金塘大桥全长 26.54 千米，位于舟山金塘岛与宁波镇海间的灰鳖洋海域，起点为金塘小岭，终点位于老海塘西侧 426 米处。金塘大桥于 2006 年 4 月动工兴建，总投资 77 亿元，2009 年 11 月 22 日正式通车。

◁‖ 金塘大桥 ‖▷

在建设期间遭遇两次超强台风袭击，正处于架梁期的大桥安然无恙，凸显施工质量的可靠。

金塘大桥分别由主通航孔桥、东航孔桥、西航孔桥、分通航孔桥、桥塔、引桥及各立交匝道组成，全桥路段呈西北至东南方向布置。

金塘大桥连接浙江舟山金塘岛与宁波镇海区，是整个舟山大陆连岛工程中投资最大、最关键的大桥，也是中国第一座按桥梁新规范体系进行设计的跨海特大桥梁；作为舟山连岛工程一部分，将成为浙江发展海洋经济的助推器之一，使舟山与宁波的港口岸线连接成有机整体，对建设国际贸易中转存储基地具有重要意义。

二、港珠澳大桥：一座通向繁荣发展之桥

港珠澳大桥是 21 世纪一项伟大的工程。港珠澳大桥因其超大的建筑规模、空前的施工难度以及顶尖的建造技术而闻名世界。

从伶仃洋大桥到港珠澳大桥 >>>

1. 零丁洋里叹零丁

南宋爱国诗人、民族英雄文天祥 1279 年在广东海丰兵败被俘，次年被元军押解经过珠江口外海域时，回想山河破碎，自己又身陷囹圄，面对阴风怒号的伶仃洋，不禁仰天长叹道：

辛苦遭逢起一经，干戈寥落四周星。

山河破碎风飘絮，身世浮沉雨打萍。

惶恐滩头说惶恐，零丁洋里叹零丁。

人生自古谁无死，留取丹心照汗青。

诗里面的"零丁"指的就是"伶仃"。《过零丁洋》这首千古名诗抒写了诗人的家国沦亡之痛，虽过去了整整 7 个多世纪，还是久久地回荡在历史的天空中。诗人的爱国情怀也让伶仃洋声名远播，特别是最后一句"人生自古谁无死，留取丹心照汗青"

◁‖ 文天祥 ‖▷

几个世纪以来不知道激励着多少仁人志士不畏生死，舍生取义。

珠江，又名粤江，以年径流量而言，是中国第二大河流；全长

2320 千米，是中国境内第三长河流。珠江原指广州到入海口 96 千米长的一段水道，因为它流经著名的海珠岛（石）而得名，后来逐渐成为西江、东江、北江以及珠江三角洲上各条河流的总称。珠江发源于云贵高原乌蒙山系马雄山，流经中国中西部六省区及越南北部，在下游从八个入海口注入南海。

珠江从东向西的八个入海口俗称"八大门"，其中"虎门"出海口最负盛名，它的东岸是东莞、深圳、香港三座城市，西岸是中山、珠海、澳门三座城市。在这繁忙的两岸六个城市之间，毗连着一片叫"伶仃洋"的海域，总面积大约 2100 平方千米。这个喇叭形秀美的巨大豁口在《中国国家地理》杂志上被标注为珠江口，半径 60 千米以内有 14 个珠三角的大中城市、7 座机场，地理位置十分重要，在历史上就是中国南大门上的一道重要海防线，今天更是与港澳携手打造了前景十分广阔的"粤港澳大湾区"经济大舞台。

2. 珠海，花园式海滨城市

珠海，珠江三角洲中心城市之一，位于中国广东省中南部，是一座著名的花园式海滨城市，东与香港水域相连，南与澳门陆地相接。珠海是中国最早设立的四个经济特区之一，享有全国人大赋予的地方立法权，2008 年被国务院确立为珠江口西岸核心城市。珠海市现辖香洲区、斗门区、金湾区，陆海总面积 7653 平方千米，其中陆地总面积 1711 平方千米，海岸线长达 690 千米，拥有大小岛屿 146 个，是珠江三角中海洋面积最大、岛屿最多、海岸线最长的城市，有"百岛之市"的美称。

珠海位置优越，东邻香港，南与澳门陆路相接，是我国重要的口岸城市，拥有国际先进水平的珠海金湾国际机场和华南第一深水港珠海港。随着港珠澳大桥、广珠城际轻轨、珠海至珠海机场城际轨道、广佛江珠城际轻轨、广珠铁路等一系列交通基础设施的兴建，珠海将成为连接我国西南地区与港澳间的交通枢纽和珠三角区域性中心城市。

珠海，有"浪漫之城"的称号，它有一座地标性建筑叫"珠海渔女"，还有以珠海渔女浪漫爱情命名的情侣路，每天吸引无数情侣驻足，在珠海婚礼流程中，情侣路是婚嫁花车必经之地，珠海渔女是珠海现代见证之爱情女神。那珠海渔女是什么故事呢，她的故事又和伶仃洋和大桥有什么关系呢？

传说中南海龙王七公主阿珠被香炉湾的美景迷住了，不愿返回龙宫，决意下凡享受这美景。阿珠扮成渔女，织网打鱼，捞蚌采珠，并结识了勤劳英俊的渔民海鹏，两人两情相悦，以身相许，在香炉湾岸边居住下来。龙王十分疼爱这个七公主，他见阿珠凡心已定，又见海鹏憨厚老实，于是将龙宫中最大的珍珠送给这对夫妻作为结婚礼物，并告诉小女儿：只要托举这颗珍珠，无论天多黑，丈夫都会寻着珍珠的亮光找到归家的方向。

有一天，伶仃洋上突然刮起了强台风，海鹏的渔船被凶猛的巨浪掀翻在伶仃洋里。阿珠日等夜思不见海鹏回来，心急如焚，她顶着狂风恶浪天天站在岸边擎起珍珠眺望远方，期待着海鹏能够循着珍珠的亮光归来，一天、两天、三天，足足等了七七四十九天……另一边，海鹏被台风掀翻落入大海后，沉入海底。虾兵蟹将在巡游时发现了海鹏，立刻向龙王禀报，龙王用还魂丹救活了海鹏，并将他送回岸上。海鹏醒来时，发现自己躺在石牌湾的礁石上，而此时渔船早已了无踪影，面对一望无垠的伶仃洋，海鹏插翅也难以过海，想到对

◀‖ 珠海渔女雕像 ‖▶

岸一定在苦苦等待的妻子阿珠，海鹏急得号啕大哭。哭声再次惊动了龙王，于是龙王将龙头拐杖轻轻一挥，只见伶仃洋海面上腾起一缕青烟，一座彩虹桥瞬时横跨在伶仃洋上。海鹏顺着彩虹桥一路狂奔，很远就看见阿珠站立在彩虹桥的另一头，手中高高举着那颗光芒四射的珍珠……

海鹏一头扑进妻子的怀抱，此时他才发现阿珠已经变成了一尊石像……

多少年来，因为伶仃洋的阻隔，港珠澳三地发生了许多令人扼腕、唏嘘不已的悲情故事。对修建"彩虹桥"的深切呼唤，在给饱学之士思考的同时也给了他们一个跨越时间和空间的遐想。

3. 26 年磨一剑

但是谁都没有想到，港珠澳大桥的建造从动议到落地，更像是一场漫长的拉锯战，因为它花了 26 年！整整 26 年！ 26 年，在建与不建，如何建，怎么建，谁来建的讨论与论证中多次山穷水尽；26 年，又由于港珠澳三地同胞的共同期待和不懈努力而柳暗花明；26 年，在桥的形状、桥的位置、登陆点、技术标准、造价、出资等问题上各利益方不停博弈。

1983 年，全国政协委员，香港著名投资家、设计师，香港合和集团董事局主席胡应湘首先提出要在伶仃洋上兴建一座连接香港与珠海的跨海大桥，名叫"伶仃洋大桥"，并起草了比较成形的实施方案《兴建内伶仃大桥的设想》。如果伶仃洋大桥建成，可以使港商发掘和扩大更多劳动力低廉的投资区域，香港与粤西的货物物流也将更加便捷，从而刺激粤西几个城市的经济发展，同时

◀▏香港知名爱国人士、投资家、设计师，合和集团主席胡应湘 ▏▶

也将带动内地西部地区的整体经济发展。

胡应湘先生老家在广东花县（今广州市花都区），20世纪50年代末毕业于美国普林斯顿大学土木工程专业。胡老先生大学三年级的时候恰逢时任美国总统艾森豪威尔提出修建全国州际高速公路网（Interstate Highway System）计划，之后，他亲眼见证了美国经济进入"汽车轮子"驱动的高速发展时期。胡应湘先生熟知世界上所有的跨海大桥，深谙建设互联互通交通网对形成制造业产业群的价值所在。他熟知美国的旧金山湾区、纽约湾区及日本的东京湾区，他知道旧金山湾区之前还只是一片果园，但交通便捷以后，1500多家技术创新企业陆陆续续云集，"经济圈"和"城市群"的效应便逐渐产生。在此之前，胡应湘先生就预见到中国有条件成为影响世界的制造业中心，尤其是珠三角地区的经济腾飞。

◀‖ 旧金山湾区的金门大桥 ‖▶

胡应湘先生的名言就是：香港与内地的差异是一时的，改革开放以前，内地可以比作一个"大齿轮"，香港是一个"小齿轮"。开始，香港这个"小齿轮"还慢慢带动内地这个"大齿轮"，但是内地经济起飞以后，"大齿轮"的速度越转越快，香港作为"小齿轮"就必须加快转速才能跟上这样的发展。港珠澳大桥就是其中一项必要的硬件设施，让香港在全面发展中能跟上国家发展的转速。

当然，胡老先生极力倡导修建的"伶仃洋大桥"并不完全是如今的"港珠澳大桥"。从最早提出修建"伶仃洋大桥"到最终开始修建"港珠澳大桥"的整个过程中，这座大桥还有另外两个名字："内伶

◀‖香港合和集团董事会主席胡应湘（中）与港珠澳大桥建设者们合照‖▶

仃洋大桥"和"粤港澳大桥"。虽然桥名不同，建设方案也不尽相同，但是这座连接珠海与香港、澳门的跨海大桥，可以说是嵌印着胡应湘先生的智慧、坚持与知识贡献。

以时任珠海市委书记梁广大为代表的珠海市政府领导层面经过充分调研后逐渐统一了建造伶仃洋大桥的意见。因为那时珠江口东西两岸的城市在发展中已经慢慢地呈现出了"冰火两重天"的发展态势。东岸的深圳、东莞承接香港的发展如火如荼；西岸的珠海、中山却显得处处波澜不惊。残酷的现实使得同样是特区的珠海政府坐不住了。殊不知，在改革开放之初，珠江口东西两岸几个城市的经济几乎是同时起步的，经济发展初速度也是不分伯仲。

有数据显示，1988 年，珠江口东岸深圳、东莞两市的 GDP 总量约为 120.80 亿元，而西岸的珠海、江门、中山三市的 GDP 总量约为 133.60 亿元，高出东岸两市 10% 左右。到了 2001 年，珠江口东岸深圳、东莞两市 GDP 总量已达到 2533.6 亿元，而西岸珠海、江门、中山三市的 GDP 总量却只有 1345.5 亿元，东岸两市的 GDP 总值已是西岸三市的近两倍。而经济增速的差距更是惊人，1980 年至 2001 年 22 年间，东

岸两市 GDP 总量增长了 261 倍，而西岸三市仅增长了 47 倍。数字已经充分说明了其中的问题所在。珠海要摆脱这种局面，经济上实现跨越式发展，就必须尽快打通与香港的陆上交通，伶仃洋大桥被寄予厚望，被认为是对接香港的捷径。

1990 年 5 月，珠海正式全面启动了建设伶仃洋大桥的各项研究工作，为此专门成立了市政府伶仃洋大桥筹建办公室和伶仃洋大桥集团公司，并按照基建程序开展了伶仃洋大桥建设的前期准备工作。

1992 年 7 月，珠海正式委托中国交通公路规划设计院编制《伶仃洋跨海工程预可行性研究报告》。根据选定方案计划，采用 Y 形路线的北线方案：由珠海金鼎至淇澳岛，跨过内伶仃岛至香港屯门烂角嘴。大桥全长 27 千米，其中桥长 23 千米，大桥引道 4 千米，按双向 6 车道高速公路标准设计，桥宽 33 米，路基宽度 33 米，行车最高速度为 100 千米 / 时。

1996 年 12 月 30 日，国务院原则同意伶仃洋大桥立项。这个天大的好消息让所有珠海人像过节一样开心，但是事后发现他们高兴得有点早了。本来就在交还香港主权问题上不情不愿的港英政府，这时候正想着法儿处处与中国政府"作对"，他们认为内地经济落后，对香港经济发展起不到什么作用，建桥的积极性不高。另外，港英政府在 1997 回归之前的政策是"小心边界模糊论"，就是尽量将香港与内地隔绝，最好不要有任何瓜葛。而建桥就是让香港与内地挂上钩，怎么能指望港英政府和你一条心同意这个耗资方案呢？！

1997 年，香港回归祖国怀抱，将接驳香港屯门的原"内伶仃洋大桥"方案，改为东接位于大屿山的香港国际机场，西接澳门及珠海，称为"粤港澳大桥"，但不巧碰上爆发亚洲金融危机，香港特区政府就跨越三地的大型基建项目要暂缓考虑。

2002 年，金融危机后，香港特区政府和商界都在思考一个严肃的问题，香港经济何去何从？香港特区政府和商界都认为，必须和内地进一步增进沟通，扩大经济腹地，解决海上陆路交通已经迫在眉睫。为振兴香港经济，寻找新的经济增长点，以充分发挥香港、澳门的优势，特区政府向中央政府提出了修建港珠澳大桥的建议。

2003 年 7 月，国家发改委论证报告完成，兴建港珠澳大桥具有必要性。

2003 年 8 月，粤港澳三地政府成立港珠澳大桥前期工作协调小组，正式展开工程的前期筹划。

2005 年，确定港珠澳大桥单 Y 桥形和港珠澳三地落脚点。

2009 年 10 月，国务院批准港珠澳大桥工程可行性报告。

2009 年 12 月 15 日，在全国闻名的珠海情侣南路的伶仃洋畔，粤港澳三地政府隆重举行了"港珠澳大桥"的开工仪式。时任中华人民共和国国务院副总理的李克强亲临开工现场宣布大桥项目开工，并亲眼见证了海面上粤航沣 038 号挖泥船伸出长臂挖起伶仃洋海底的第一铲泥沙。此刻，北京时间 10 时 20 分，超级工程——港珠澳大桥正式开建。

◀∥航拍港珠澳大桥∥▶

港珠澳大桥开启粤港澳发展新空间 >>>

推进粤港澳大湾区建设是习近平总书记亲自谋划、亲自部署、亲自推动的重大国家战略，港珠澳大桥是粤港澳大湾区内联结三地、促进互联互通的一项标志性的交通基础设施，使粤港澳大湾区建设如虎添翼。港珠澳大桥作为三地首次共建共管的重大基础设施，不仅弥补了大湾区建设的关键交通短板，也必将产生经济、社会等方面的综合效益。

1. 促成粤港澳大湾区

被誉为"世纪工程"的港珠澳大桥是在"一国两制"框架下建成通车的，不仅激发了包括港澳同胞在内的全体中华儿女的民族自豪感，也证明了"一国两制"的强大生命力，更加坚定了社会各界把粤港澳大湾区建成世界一流湾区的信心。人心齐、泰山移，有了港珠澳大桥这样一座联结三地人民的民心桥，必将激励更多港澳同胞同祖国人民一道，共担民族复兴的历史责任、共享祖国繁荣富强的伟大荣光。

党的十九大报告提出，保持香港、澳门长期繁荣稳定，要支持香港、澳门融入国家发展大局。粤港澳大湾区建设，既承担了打造国家经济增长极的重要使命，也是港澳拓展发展空间的重要契机。对于正在寻求经济增长新空间的香港和努力促进经济适度多元化发展的澳门，港珠澳大桥的建成通车，恰逢其时。香港陆路货运量近年持续下跌，主因就是营运成本高企。港珠澳大桥开通后，货物车辆取道大桥，可大幅缩减往来香港与珠三角西部行车时间，陆路货运量有望止跌回升。

其实，陆路货运量的下跌正是香港经济增长空间变化的缩影。改革开放 40 年来，与香港陆地相连的珠江东岸承接了大量来自香港的投资资金和产业转移，是香港重要的港口腹地，奠定了香港国际金融中心和航运枢纽的地位。但近几年，随着珠江东岸步入产业升级阶段，环境容量渐趋饱和、生产要素成本逐年上升，以港口兴起的香港急需更广阔的腹地。

珠江三角洲是广东省平原面积最大的地区。珠江三角洲地貌的形成，是由西、北、东三江汇聚珠江所挟带的泥沙，沿河流途经数千年的沉积而在中下游形成 40～60 米厚度的冲积平原，并陆续在新会、顺德、番禺、东莞和南海的西樵山及广州以南的桂岛等地出现较大的居民点。随着自然环境的变迁，由西江、北江两个三角洲构成的古珠江三角洲逐渐连成一片，并与其后成陆的东江三角洲相连从而形成现代的珠江三角洲。而由于珠江三角洲处在北回归线以南，气候温和，雨量充沛，日照时间长，在传统的农牧渔业的发展上具有得天独厚的优势。

改革开放以来，珠江三角洲是我国重要的经济、文化区域，依托与港、澳相邻的地理优势，在全国经济发展和改革开放大局中具有重要的作用和举足轻重的战略意义。珠江三角洲地区已经成为有全球影响力的先进制造业基地和现代服务业基地，全球知名的商品加工、制造和出口基地，是世界产业转移的优先选择地区之一。形成以电子信息、家电等为主的企业群和产业群。聚集广东省重要的科技资源，是中国参与经济全球化的主体区域，是全国科技创新与高新技术产业的主要研发基地。全国经济发展的重要引擎，南方对外开放的门户，是中国规模最大的高新技术产业带，是国内乃至国际重要的高新技术产业生产基地。辐射带动华南、华中和西南发展的龙头，是中国人口集聚最多、创新能力最强、综合实力最强的三大城市群之一，有"南海明珠"之称。

2015 年 1 月 26 日，世界银行报告显示，珠江三角洲已经超越日本东京，成为世界人口和面积最大的城市群。珠三角 9 市携手港澳打造粤港澳大湾区，是与美国纽约湾区、旧金山湾区和日本东京湾区并肩的世界四大湾区之一，已建成世界级城市群。

"珠三角"概念首次正式提出是 1994 年 10 月 8 日，广东省委在七届三次全会上提出建设珠江三角洲经济区。"珠三角"最初由包括广州、深圳、佛山、东莞、中山、珠海、江门、肇庆、惠州共 9 个城市，这也是大家熟知的"小珠三角"概念。而"大珠三角"是指由 9+6 融合发展的城市所形成的新珠江三角洲（广州、深圳、佛山、东莞、中山、珠海、江门、肇庆、惠州、清远、云浮、韶关、汕尾、河源、阳江）+ 香港特别行政区、澳门特别行政区。

以珠江口为界、以广州城区为中心，分为东西两岸城市群。其中西岸城市群主要以澳门、中山、珠海、江门城区、台山、开平、恩平、鹤山、佛山城区、顺德、番禺、花都、南海、三水、高明、肇庆城区、鼎湖、高要、四会、封开、怀集、德庆、广宁组成，以广府文化为主。东岸城市群主要以香港、东莞、深圳城区、宝安、龙岗、龙华、坪山、惠州城区、惠阳、博罗、惠东、龙门、从化、增城组成，以客家、香港广府文化为主。

近几十年来，珠江三角洲快速发展的同时，珠江两岸的差距也逐步扩大，珠江东岸发展速度明显领先于西岸，其中重要的影响因素之一就是珠江西岸与香港的交通联系不便利。港珠澳大桥作为跨越珠江口的重要跨海交通工程，主要解决了香港、澳门和内地之间的陆路客货运输问题，建立跨越粤、港、澳三地，珠江口东西两岸的陆路运输交通工程，一定能推动三地经济迅速、可持续地发展。

2. 珠三角区域经济各显神勇

在珠三角地区内，大陆首属深圳经济发展最快。深圳市是我国改革开放初期建立的第一个经济特区，是中国改革开放的窗口，设有中国最多的出入境口岸。同时，深圳也是我国重要的边境口岸城市，皇岗口岸实施 24 小时通关。在 2017 ~ 2018 年，深圳市坚持稳中求进工作总基调，以供给侧结构性改革为主线，加快建设社会主义现代化先行区，全市经济实现了有质量的稳定发展。

香港曾被誉为"亚洲四小龙"之一，其经济发展程度可想而知了。

香港地处华南沿岸，广东省珠江口岸以东，与深圳相邻。香港经济主要是服务业，香港的服务贸易行业主要包括旅游业、与贸易相关的服务、运输服务、金融和银行服务及专业服务。据统计数据，近年来香港GDP稳步上涨。在港珠澳大桥开通以前，深圳是作为香港与内地连接的唯一陆路交通通道，是一个国际自由港，这个优越的条件使香港开展对外贸易更加便捷与高效。据2017年12月统计数据，香港产品出口3 618 000万港元，转口产品357 070 000万港元。在港珠澳大桥开通之前，香港主要通过深圳与内地进行经济交流与商品流通，交通的限制成为深圳经济与香港经济进一步发展的障碍。

澳门的经济发展独具特色。与香港一样，澳门也是一个国际自由港，世界四大赌城之一。轻工业、旅游业、酒店业和博彩业使澳门长盛不衰，成为全球最发达的地区之一。同时澳门是中国人均GDP最高的城市，以第二产业和第三产业为主。澳门制造业是以纺织业为主，发展模式是劳动密集型和外向型，大部分的产品销往美国及欧洲等地区。澳门作为国内唯一合法发展博彩业之地，它的博彩业收入是拉斯维加斯的七倍左右。这座面积28平方千米、人口60万的小城，由于博彩业收入大幅度上升，澳门的人均财富已经在2002年超过瑞士，位居全球第四。

3.港珠澳大桥让物流业井喷

港珠澳大桥胜利通车后，将对珠江三角洲物流业产生重大影响，使珠江三角洲的物流业发生井喷效应。

具有国际自由港之称的香港，拥有世界最大的集装箱码头和世界一流水平的国际机场，这些优势使香港成为国际金融中心、全球购物天堂、远东国际航运中心、举世闻名的物流中心，港珠澳大桥通车后，让香港物流业如虎添翼。如今，珠江三角洲周边地区的经济发展和物流业发展速度越来越快，使得珠三角地区的物流业竞争日趋加剧。随着国际服务业大转移，许多物流业巨头开始进入我国市场，作为自由港的香港必然会随着这种走势，加速推进香港地区物流业更好、更快地发展。

受经济危机影响，香港近年来经济疲软，物流行业发展缓慢，这时港珠澳大桥的开通无疑给香港的物流业发展创造了一个新的机遇。港珠澳大桥全线通车，香港连接内地多了一个选择，有利于推动香港物流业的发展。港珠澳大桥的开通，使得珠三角周边地区的货车可以便捷地抵达香港的集装箱码头和国际机场，加大集装箱的吞吐量，有利于提高贸易的效率，扩展了交通网络的辐射面积。港珠澳大桥的开通，大大降低了水运的风险，海上的恶劣气候将会使货物的安全保障系数降低，通过陆路运输增加了抵御海上恶劣气候的能力，对于物流流通效率的提高也有很大的影响。

港珠澳大桥通车后，对澳门物流业的影响应该说是最大的。因为在港珠澳大桥开通以前，澳门到香港只能通过水路，时间成本大，运输成本高，交通运输成了香港与澳门之间货物运输的最大障碍。过去澳门坐船到香港最快需要 60 分钟，大桥开通之后陆路运输只需要 30 分钟左右，这将大大提升港澳之间物流运输能力和运输效率。澳门物流业的发展，其货源将更多是依靠转运货物。港珠澳大桥的开通将弥补澳门缺乏深港码、运输能力不强的缺陷，使周边地区更多的货物通过澳门抵达香港，使澳门成为连接内地与香港的重要交通枢纽。

对于深圳来说，港珠澳大桥通车后更加有利于其物流业的发展。在港珠澳大桥开通之前，深圳是连接内地与香港唯一的陆路交通通道。港珠澳大桥开通之后，虽然珠三角地区的物流不必再经深圳运往香港了，但是深圳依然是珠三角地区的重要交通枢纽。深圳作为一个外向型发展的城市，需要更便捷顺利的物流业，才能使其生产的产品源源不断地销往亚洲乃至世界各地。大桥开通之后，更多货物会直接通过港珠澳大桥抵达香港集装箱码头和国际机场，这对于深圳的物流业发展具有重要的拉动作用。

　　港珠澳大桥通车后，珠江西岸将与港、澳融入半小时生活圈。从珠江西岸的珠海出发去往香港，车程将从原来的 3 ~ 4 小时缩短至约 30 分钟。这意味着珠江西岸将成为香港的经济腹地。大桥开通后，即开通了面向西南的物流新通道，同时珠海市以及中山市成为大湾区重要交通、物流节点。对于珠海而言，在此之前珠海长期处在珠三角交通和物流的末梢地位，港珠澳大桥开通之后将会改变珠海在珠三角物流交通的地位与角色。大桥的通车，对于珠海地区的高端物流行业将是一个巨大的机遇。全球卡车巨头戴姆勒旗下的中国合资公司研发的高端物流车亮相珠海，珠海多家物流企业斥资 3000 万订购了 67 辆。基于港澳货车的运价非常高，因此珠海物流业凭借其价格低于港澳的价格而占有一定的优势。港珠澳大桥的开通也提高了物流运输的效率，使珠海的物流业迎来一波发展的新高潮。

4. 港珠澳大桥促成港珠澳旅游圈

　　港珠澳大桥通车之后，自驾去港澳游玩将不再是梦。港珠澳大桥以公路桥的形式连接香港、珠海和澳门，是集桥、岛、隧为一体的大型跨海通道。大桥的起点是香港大屿山，跨越珠江口，最后分成 Y 字形，一端连接珠海，一端连接澳门。

珠三角地区本来就拥有丰富的旅游资源，并且珠三角地区各地的旅游资源各具特色。香港作为国际化大都市，拥有国际

◀‖ 珠澳口岸人工岛夜景 ‖▶

自由港、国际机场等交通设施，具有繁荣的东方传统文化和西方色彩，以及其商业中心、会展中心、迪士尼以及优美的自然风光。澳门吸引游客的就是它的博彩业，还有近年慢慢发展起来的会展产业。珠江西岸城市具有优美的自然环境和蓬勃的生态旅游业。港珠澳大桥的开通，为粤、港、澳旅游圈的建立奠定了交通基础，将香港的商业中心、会展中心等，澳门的博彩业以及与广东的自然风光结合起来，一定会吸引来自全球各地的游客，极力推动珠江三角洲地区旅游业发展的同时，对珠江三角洲的服务业、零售业的发展都有极大的推动作用。

5. 港澳繁荣前景一片光明

借助港珠澳大桥，香港和澳门的金融、贸易、航运等服务业可更快延伸到珠江西岸、粤西乃至大西南地区。从而推进香港和澳门的发展：既可以向北延伸，也可以向西推进，发展纵深更加广阔。

腹地更广阔，枢纽功能更加突出。"港珠澳大桥香港口岸坐落在香港大屿山，连同毗邻的香港国际机场，让大屿山这个全港最大的岛屿，成为通往世界和粤港澳大湾区的双门户。"在开通仪式上，香港特首林郑月娥表示，特区政府正抓紧机遇，提出"明日大屿愿景"，为香港缔造更美好的未来。港珠澳大桥的开通，无疑让香港航空业颇为受益。以港珠澳大桥和广深港高铁通车为契机，香港航空积极开拓内地市场，实行珠三角大基地战略，借力香港的国际交通枢纽地位，大跨步进行国际、洲际长航线开拓，逐步实现全球化航线网络布局。

据香港机场管理局透露，未来将会在内地开设更多的城市候机楼及预办登机服务，还会在各网络平台开拓不同的分销途径。随着广深港高铁和港珠澳大桥的通车，会考虑开通更多到香港机场的接驳交通专线服务。大桥开通，与正在拓建第三条跑道的香港国际机场和规划中的深水集装箱港，让香港特区政府的"明日大屿愿景"更加清晰。香港大屿山具备充分条件发展机场经济及桥头经济，将成为香港第三个核心商业区，制造更多的就业机会，巩固香港国际贸易中心地位。

港珠澳大桥的开通令澳门各界欢欣鼓舞。澳门特首崔世安表示，澳门的首个五年发展规划，已对"大桥时代"澳门融入国家发展大局做出规划。据估算，港珠澳大桥通车以后，抵达珠江西岸的潜在客流量有望达 5000 万。通过大桥，从澳门前往香港国际机场的路程约 0.5 小时，相当于多了一个世界级机场。港珠澳大桥通车后，澳门旅游资源将与广东旅游资源更好地连接起来，形成粤港澳大湾区共同的旅游市场，更好地吸引全球各地游客。

近些年，陆地面积仅 32.8 平方千米的澳门面临着旅游承载力不足的问题。有了珠澳口岸的创新合作模式，澳门与珠海及周边城市的旅游合作将迈向更高水平，通过优势互补，既能拉动澳门接待能力大幅度提高，也会繁荣周边城市的旅游市场。

港珠澳大桥加快区域经济融合 》》》

改革开放以来，珠江三角洲区域的经济迅速发展，尤其是珠江东岸，凭借与香港陆路相连的地理优势，承接了香港大量的产业转移与投资，使得珠江东岸的对外贸易和各产业经济迅速发展起来，这主要得益于珠江东岸与香港之间便利的交通条件。相比珠江东岸，珠江西岸发展相对缓慢落后，这是因为珠江西岸与香

◀‖ 港珠澳大桥连通三地 ‖▶

港的交通相对不便，只能通过海运或者经过珠江东岸再进入香港，这样运输成本高、海运风险大、运输效率低。由于交通运输的不方便，香港对珠江西岸地区的产业辐射能力不足，加上澳门与香港的经济规模还是有一定差距，导致珠江东西两岸的经济发展严重失衡，差距越来越大。

港珠澳大桥的开通，将会连通珠江口西岸与香港，使珠海、澳门与香港的交通更加便利，使珠江西岸的区位优势得以提升，促进区域经济更加融合发展。港珠澳大桥的建设也促进了珠三角区域生产要素、劳务、资本要素的流通，促进珠江三角洲资源优化配置，社会再生产的顺利进行。基于规模经济的极化理论，香港作为珠三角区域最重要的商贸、服务、文化、旅游中心，港珠澳大桥的建设使得香港向外辐射的区域从过去的向北、向东，进一步扩展到向西方向的延伸。珠江口西岸的人流、物流、信息流和资金流将流向香港地区，香港在商贸、服务业等方面的优势将进一步加强，从而强化地区中心区域到边缘区域的空间结构。港珠澳大桥的通车，对于粤、港、澳的经济有极大的推动作用，对于珠三角地区的对外贸易、产业转移、商业发展、商品流通、资金融通等都有促进作用，同时给珠三角地区人们的生活带来便利，获得感大大增强。

港珠澳大桥通车之后，直接将香港与珠海连接，再延伸到珠江西岸各地区，使珠江西岸丰富的资源通过港珠澳大桥抵达香港，再利用香港的国际自由港和国际机场运往全球各地，同时世界各地的资源资金都可以通过香港再流通到珠江口地区。根据国内外跨海大桥的建设经验，跨海大桥将会带动区域的经济发展，使交通更加便利，改变交通格局，改善产业格局和物流网络。港珠澳大桥开通后，珠海、澳门与香港将首次实现陆路连接，对提升珠江三角洲地区的综合竞争力，保持港澳的长期繁荣稳定，推动粤港澳大湾区建设发展具有重大战略意义。

港珠澳大桥直接连通港、澳与珠海，是国家高速公路网中 G4-京港澳高速以及 G94-珠三角环线高速的部分路段；车辆通过南湾互通进入广珠西线，直接纳入全国高速公路网，拉近广州、佛山、江门以及整个粤西地区与香港的陆路距离。据"引资距离弹性"测算，珠三角城市与香港的距离每减少 1%，制造业、服务业中外资投入金额分别增加 0.12% ~ 0.17%。港珠澳大桥的通车，初步估算可以让西岸城市增加600 亿 ~ 1000 亿元人民币的 GDP。

"大桥时代"来临，除了珠海受益明显以外，珠江口西岸的中山、江门、肇庆等城市也直接受益，这些城市将得到广州、香港两个国际化大都市的双重辐射。因此，港珠澳大桥开工后不久，大桥两岸各城市就竞相出台政策来拥抱大桥经济。澳门建第四条澳氹跨海通道接驳人工岛；中山将通过与港珠澳大桥的交通衔接，提升交通地位，加快促进中山经济转型升级和中山整个城市品质的提升；大桥建设同期，江门已和香港物流商会签署了合作备忘录，促进两地物流业的发展，争取建设成"服务珠三角、辐射粤西、面向大西南的珠三角西部区域性物流中心"……

在珠江口西岸沿岸城市群中，佛山、珠海、中山、江门、阳江、肇庆以及顺德"六市一区"是广东装备制造业的聚集区。2015 年，广东省出台《珠江西岸先进装备制造业产业带布局和项目规划（2015—2020年）》，珠江西岸地区成了国内首个以发展某个产业而提出来的跨城经济带。在此之前，为了推动城市区域合作，珠江西岸早已经启动了广佛肇、珠中江两个一体化经济圈建设，另外，广东省政府还批准将阳江纳入珠中江经济圈。

港珠澳大桥的"桥头堡"——珠海，将依托港口、机场、跨海大桥等立体交通配套优势，打造成大湾区经济互联的连接点。目前香港已成为珠海第一大外商投资来源地，也是珠海对外直接投资的第一大目的地，未来珠海还将联合澳门成为大湾区创新高地，这一系列优势为珠海参与大湾区建设提供了非常好的基础。

举世瞩目的港珠澳大桥因其超大的建筑规模、空前的施工难度以及顶尖的建造技术而闻名世界。港珠澳大桥东接香港，西接珠海、澳门，全长约 55 千米，是世界上最长的跨海大桥，也是中国交通史上技术最复杂、建设要求及标准最高的工程之一，被英国《卫报》誉为"新世界七大奇迹"之一。

一桥飞架东西，天堑变通途 >>>

港珠澳大桥是中国境内一座连接香港、珠海和澳门的桥隧工程，位于中国广东省伶仃洋区域内，为珠江三角洲地区环线高速公路南环段。

港珠澳大桥于 2009 年 12 月 15 日动工建设，于 2017 年 7 月 7 日实现主体工程全线贯通，于 2018 年 2 月 6 日完成主体工程验收。2018 年 10 月 23 日，港珠澳大桥开通仪式在广东珠海举行，中国国家主席习近平出席仪式并宣布大桥正式开通；10 月 24 日，港珠澳大桥公路及各口岸正式通车运营。

◀‖ 港珠澳大桥新年前夜点亮伶仃洋 ‖▶

港珠澳大桥是世界总体跨度最长、钢结构桥体最长、海底沉管隧道最长的跨海大桥，也是公路建设史上技术最复杂、施工难度最大、工程规模最庞大的桥梁。

港珠澳大桥全长约55千米。珠澳口岸至香港口岸41.6千米，跨海路段全长35.578千米；三地共建主体工程29.6千米，包括6.7千米海底隧道和22.9千米桥梁；桥墩224座，桥塔7座；桥梁宽度33.1米，沉管隧道长度5664米、宽度28.5米、净高5.1米；桥面最大纵坡3%，桥面横坡2.5%以内、隧道路面横坡1.5%以内；桥面按双向6车道高速公路标准建设，设计最高车速为100千米/时，全线桥涵设计汽车荷载等级为公路-Ⅰ级，桥面总铺装面积70万平方米；通航桥隧满足近期10万吨、远期30万吨油轮通行；大桥设计使用寿命120年，可抵御8级地震、16级台风、30万吨级巨轮撞击以及珠江口300年一遇的洪潮。

港珠澳大桥分别由三座通航桥、一条海底隧道、四座人工岛及连接桥隧、深浅水区非通航孔连续梁式桥和港珠澳三地陆路联络线组成。其中，三座通航桥从东向西依次为青州航道桥、江海直达船航道桥以及九洲航道桥；海底隧道位于香港大屿山岛与青州航道桥之间，通过东西人工岛接其他桥段；深浅水区非通航孔连续梁式桥分别位于近香港水域与近珠海水域之中；三地口岸及其人工岛位于两端引桥附近，通过连接线接驳周边主要公路。

港珠澳大桥主桥为三座大跨度钢结构斜拉桥，每座主桥均有独特的艺术构思。其中青州航道桥塔顶结形撑吸收"中国结"文化元素，将最初的直角、直线造型"曲线化"，使桥塔显得纤巧灵动、精致优雅。江海直达船航道桥主塔塔冠造型取自"白海豚"元素，与海豚保护区的海洋文化相结合。九洲航道桥主塔造型取自"风帆"，寓意"扬帆起航"，与江海直达船航道塔身形成序列化造型效果，桥塔整体造型优美、亲和力强，具有强烈的地标韵味。

东西人工岛汲取"蚝贝"元素,寓意珠海横琴岛盛产蚝贝。香港口岸的整体设计富于创新,且美观、符合能源效益。旅检大楼采用波浪形的顶篷设计,为支撑顶篷,大楼的支柱呈树状,下方为圆锥形,上方为枝杈状展开。最靠近珠海市的收费站设计成弧形,前面是一个钢柱,后面有几根钢索拉住,就像一个巨大的锚。大桥水上和水下部分的高差近100米,既有横向曲线又有纵向高低,整体如一条丝带一样纤细轻盈,把多个节点串起来,寓意"珠联璧合"。

港珠澳大桥属于珠三角环线高速公路南环段组成部分。港珠澳大桥东起香港国际机场附近的香港口岸人工岛,向西横跨南海伶仃洋后连接珠澳口岸人工岛,止于珠海洪湾立交。港珠澳大桥香港连接线西起大屿山岛散石湾,向东经沙螺湾水道至赤鱲角岛屿南部,再向北经观景山,沿赤鱲角东岸线至香港口岸人工岛;珠海连接线东起珠澳口岸人工岛,向西依次经过拱北湾西南部海域、陆地茂盛围边境特别管理区、前山河、白面将军山,至拱湾港东北部;澳门连接线起于珠澳口岸人工岛,经友谊圆形地至填海新区。其中,珠海连接线西端同时衔接珠三角环线高速公路(国家高速 G94)南环西段和广澳高速公路(国家高速 G0425)南

◁|| 全景优美的大桥线条 ||▷

端,引入中国高速公路网。

2017 年 12 月 31 晚 18 时 38 分,在千余位港珠澳大桥建设者的现场见证下,港珠澳大桥点亮全线灯光。港珠澳大桥主体工程亮灯标志着全线供

电照明系统施工的圆满完成，意味着港珠澳大桥主体工程已具备通车条件。2018 年 12 月 1 日起，首批粤澳非营运小汽车可免加签通行港珠澳大桥跨境段。

港珠澳大桥开通后，珠海、澳门与香港将首次实现陆路连接，对提升珠江三角洲地区的综合竞争力，保持港澳的长期繁荣稳定，推动粤港澳大湾区建设发展的具有重大战略意义。

中国交通行业发展的"集大成者" >>>

港珠澳大桥是我国继青藏铁路、三峡工程的又一重大基础设施建设，工程建设中面临着诸多"超级难度"，创造了无数"零的突破"，可谓是我国交通行业发展的"集大成者"。港珠澳大桥总长 55 千米，其主体工程由 6.7 千米的海底沉管隧道，长达 22.9 千米的桥梁，逾 20 万平方米的东、西人工岛组成，即"桥—岛—隧"一体。在大桥的设计、建设过程中，科学家和工程师们足足创造了 400 多项新专利、7 项"世界之最"！

最长跨海大桥：港珠澳大桥东接香港，西接珠海、澳门，横跨伶仃洋，全长约 55 千米，是目前世界上最长的跨海大桥。港珠澳大桥横跨全世界最繁忙航道之一的伶仃洋航道，是全球重要的贸易航线，处于全国密集度最高的港口群，日均船舶流量达 4000 艘次，年运送旅客超过 2000 万人，年货物吞吐量超过 12 亿吨。要尽可能减少对通航的影响，同时保证施工的质量、安全和进度，是港珠澳大桥工程面临的重要难题。

最长钢铁大桥：作为世界上最长的 15 千米全钢结构钢箱梁，港珠澳大桥仅主梁钢板用量就达到了 42 万吨，相当于 10 座鸟巢，或者 60 座埃菲尔铁塔的重量，是目前世界最长的钢铁大桥。港珠澳大桥施工海域处于亚热带季风气候区，平均每年有五到六次台风过境，暴雨、大风天气频发，水上交通事故风险高，施工安全风险大，海潮、涌浪、洋流

◀‖ 港珠澳大桥主体的钢箱梁正在吊装 ‖▶

等因素皆对外海施工形成制约。因此，这座大桥必须十分坚固。

最长海底沉管隧道：港珠澳大桥集岛、桥、隧于一体，其海底沉管隧道全长 6.7 千米，是目前世界上最长的海底沉管隧道。隧道由 33 节沉管对接而成，每一节重约 8 万吨，甚至比航空母舰还要大！在负担不起国外机构高价咨询费的基础上，林鸣团队在国家交通、海洋、航天等各部门的携手相助下，以 64 项技术创新和 400 多项发明专利、新型实用专利，圆满完成了岛隧工程。

最大沉管隧道：港珠澳大桥沉管隧道标准管节每节长 180 米，排水量约 8 万吨，是目前世界上最大的沉管隧道。作为我国建设的首条外海沉管隧道，也是目前最长的公路沉管隧道，岛隧工程对技术的要求可彪炳中国工程史。

最深沉管隧道：目前世界上很少有超过 45 米的沉管隧道，而港珠澳大桥海底隧道最深处在海底 48 米，是目前世界上最深的沉管隧道。中国工程师超越了目前任何沉管隧道的技术极限，完成了我国在沉管隧道技术方面从相对落后到行业领军的华丽转变。港珠澳大桥成为中国经济强国、科技强国、交通强国的时代标志。

最精准深海之吻：港珠澳大桥沉管在海平面以下 13～48 米不等的深度进行海底无人对接，对接误差控制在 2 厘米以内，是目前世界上最精准的深海对接。

投资最多、施工难度最大：港珠澳大桥总造价过千亿，是世界建筑史上里程最长、投资最多、施工难度最大的跨海大桥，有"桥梁界的珠穆朗玛峰"之称！

港珠澳大桥预计使用寿命达 120 年，比目前国内外跨海大桥使用寿命多出了 20 年！别小看这多出的 20 年，因为处在高温、高湿和高盐环境中，与普通桥梁相比，处理防水、防锈、防腐等工序要求更多更细。它的每一座人工岛、每一千米桥梁与隧道，背后都凝结着无数中国科学家与工程师们的匠心和创新。创造了 7 项世界之最的港珠澳大桥，值得全世界为它点赞！

海上巨龙昭示科技自信 》》

针对跨海工程"低阻水率""水陆空立体交通线互不干扰""环境保护"以及"行车安全"等苛刻要求，港珠澳大桥采用了"桥、岛、隧三位一体"的建筑形式；大桥全路段呈 S 形曲线，桥墩的轴线方向和水流的流向大致取平，既能缓解司机驾驶疲劳，又能减少桥墩阻水率，还能提升建筑美观度。

斜拉桥具有跨越能力大、造型优美、抗风性能好以及施工快捷方便、经济效益好等优点，往往是跨海大型桥梁优选的桥型之一。结合桥梁建设的经济性、美观性等诸多因素以及通航等级要求，港珠澳大桥主桥的三座通航孔桥全部采用斜拉索桥，由多条 8 ~ 23 吨、1860 兆帕的超高强度平行钢丝巨型斜拉缆索，从约 3000 吨自重主塔处张拉承受约 7000 吨重的梁面；整座大桥具有跨径大、桥塔高、结构稳定性强等特点。港珠澳大桥交通工程包括收费、通信、监控、照明、消防、供电、给排水和防雷等多个子系统，都取得了多项突破性科研成果。

路面：港珠澳大桥沥青混凝土路面使用寿命标准为 15 年，沥青混凝土厚约 7 厘米，且分为浇筑式层和表面层两层，其中 3 厘米的浇筑式

沥青为重要成分。该部分沥青为国外进口的天然湖底沥青，由石料按不同比例与沥青混合而成；孔隙小，水分不会对钢板产生侵蚀，对钢板形成二次保护；协同变形能力好，可随着钢箱梁进行同步变形，与上层的普通沥青黏结；铺设时由搅拌车边加热边搅拌，使其温度不低于230℃。

照明：港珠澳大桥全线夜景照明分为功能性照明和装饰性照明两部分。其中三座通航孔桥中的每座塔的四周均设置数十套变色LED投光灯，采用窄光束投光将主塔的立面打亮。斜拉索夜景照明采用窄光束变色LED投光灯，对每根拉索进行追踪照明，不仅勾勒出外形线条，还展示出拉索紧绷的力度美和宛若琴弦的韵律感。港珠澳大桥夜景灯光系统采用日常和假期两种照明模式。其中日常照明模式以白色为主色调，呈现大桥本色，为大桥提供基础照明；工程人员采用先进的动态可变频灯具，使照明节能环保。桥梁段用动态可变频灯具1280盏，灯具的间距是35米一盏，可根据路面照度的需求实现从0～100%无级别的调光。节假日照明模式通过变色LED灯实现五彩缤纷的效果，使主桥在夜色下显得璀璨夺目。此外，在大桥沉管隧道照明系统中，还使用了见光不见灯的设计理念。

供电：港珠澳大桥供电系统搭配了先进的无人值守"毫米级"电缆头熔接技术，不仅解决了电缆空间受限等问题，而且具有低电阻、高强度的特点，可经受故障电流冲击和长期大电流运行的优势，降低电力系统运行风险；大桥还采用国际先进电力网络的方式来提高供电可靠性。此外，港珠澳大桥还配置了550个充电桩服务于各个人工岛。

监控：港珠澳大桥设有监视全线交通工程设备和线路的监控平台，监视点超过10万个，不仅能实时检测大桥机电设备运行情况，而且一旦出现电路故障，全自动维护系统会及时提醒工作人员进行精准化的故障排除解决方案。在海底隧道中，一旦发生交通事故，现场人员可通过洞壁上的求助报警系统向运营指挥中心发出求助，同时指挥中心可通过隧道内的实时监控设备及时发现事故现场，并能在几分钟内调动应急或消防车辆赶赴救援。

防撞：港珠澳大桥护栏采用四横梁结构的金属梁柱式护栏，护栏高度1.5米，立柱间距2米；防护能力等各项指标均达到国际高标准要求，即便车辆以15°角、80千米/时速度撞向护栏，也不会冲破护栏坠海。为了给车主提供安全驾驶光线，使司机进入隧道前有适应过程，港珠澳大桥在东西人工岛隧道出入口上方的敞开段均设有110米距离的减光罩；隧道内每个行车孔左右两侧都设有两条贴近墙壁的人行道，可降低汽车碰撞概率；隧道洞壁的装饰采用良好光学性能和漫反射的防火材料，使驾驶视觉效果舒适。

消防：港珠澳大桥海底隧道配置了先进的防火系统，包括主动和被动两种方式，涵盖火灾报警系统、消防设备联动控制系统、消防灭火系统、隧道通风排烟系统、救援与疏散系统、供水管网设施和其他配套系统。火灾发生时根据火灾规模及现场实际情况，各系统按预定紧急预案启动，进行火灾扑救及现场救援。隧道内每隔135米就设有一处安全门，连通紧急逃生通道。中间服务管廊每隔67.5米安装3个一组的电动排烟阀，监控感应系统可通过电脑指令打开就近的电动排烟阀，通过人工岛上的大型风机将烟抽出。隧道内人员可及时拉开常闭式

◀‖港珠澳大桥海豚桥塔效果图‖▶

安全门进入安全通道，从而进入人工岛安全区域。为防止沉管隧道内火灾发生，大桥禁止危险品车辆驶入隧道。

抗震：港珠澳大桥采用一种长宽 1.77 米、由多层新型高阻尼橡胶和钢板交替叠置结合而成的隔震支座实现抗震。该隔震支座为中国自主研制，承载力约 3000 吨。地震发生时，隔震支座竖向通过钢板提供稳定可靠的承载力，有效支撑建筑物；水平方向利用橡胶黏性大、吸收震动能量、变形能力强等特点，在外力作用下产生一定的变形，吸收地震能量；地震发生后，支座通过橡胶的恢复力回到初始位置，避免将全部能量传递给建筑物，在地震波往复活动中将震动能量转换并消耗，降低建筑物承受的地震破坏力。沉管隧道具备高抗震性能，管内布放有减震钢索以增强沉管柔性；地震发生时，沉管位移和滞回不会损坏沉管管节。

排水：港珠澳大桥人工岛挡浪墙按照 300 年一遇的海浪标准设计，岛面标准高度比平均水位高 4.5 ～ 5.0 米，整个挡浪墙比日常水位高 8 米左右；岛内设置环岛排水流与越浪泵房，可及时将越过挡浪墙的海水排入大海。为控制雨水进入隧道，东、西岛洞口外斜坡处及暗埋段口段各设置几道横向截水沟，收集隧道敞开段的路面汇水，并通过洞口雨水泵房提升排放；在沉管隧道路面低侧设置纵向排水边沟，以疏排运营期消防水、冲洗废水等，在隧道最低点设置废水泵房来提升外排能力。

预警：港珠澳大桥搭配基于 AIS 的船只防撞预警系统，预警性能比传统的 VTS 系统更优越；大桥各桥墩全部装有 AIS 模拟航标，各通航孔桥墩装有超声波验潮仪，利用 VHF 信道向周边的船只、雷达站或其他基站即时发送信息。

通信：港珠澳大桥全线桥隧路段实现 4G 信号全覆盖，中国三大通信运营商的 4 条光缆从珠海公路口岸沿着桥梁管道先后进入西人工岛、海底隧道、东人工岛；其中在桥梁上的 25 处龙门架中安装了 25 个通信基站，在沉管隧道内安装了 36 处通信基站。

收费：因中国内地、香港和澳门实行不同过路收费模式，大桥收费系统采用开放式收费方式、电子不停车收费（ETC）与人工半自动收费（MEC）相结合的收费方式。考虑到三地特殊的收费应用环境以及方便已有 ETC 用户的使用，港珠澳大桥交通工程项目部开发了兼容中国内地、香港和澳门 ETC 收费等方面内容的软件。经过累计千余次的模拟测试后，收费系统车牌平均识别率从不到 30% 提高到 96.7%，平均识别时间从 0.5 秒缩短到 0.3 秒。

四、港珠澳大桥标注中国工程建设新高度

港珠澳大桥是世界上迄今为止里程最长、投资最多、施工难度最大的跨海大桥，被英国《卫报》称为"新世界七大奇迹"之一。从 2009 年年底挖出第一斗沙到 2017 年年底大桥全线具备通车条件，我国桥梁界的专家和工程师们克服了前所未有的困难，将中国跨海大桥的工程建设推向了新的高度。

中国标准的港珠澳大桥 >>>

1. 三地共建港珠澳大桥

港珠澳大桥工程包括三项内容：一是海中桥隧主体工程；二是香港、珠海和澳门三地口岸；三是香港、珠海、澳门三地连接线。根据达成的共识，海中桥隧主体工程由粤港澳三地共同建设；三地口岸和连接线由三地各自建设。

工程路线起自香港国际机场附近的香港口岸人工岛，向西接珠海／澳门口岸人工岛、珠海连接线，止于珠海洪湾，总长约 55 千米（其中珠澳口岸到香港口岸约 41.6 千米）。其中，粤港澳三地共同建设的主体工程长约 29.6 千米，由港珠澳大桥管理局负责建设和运营管理。主体工程采用桥岛隧结合方案，穿越伶仃洋西航道和铜鼓航道段约 6.7 千米采用沉管隧道方案，其余路段约 22.9 千米采用桥梁方案。为实现桥隧转换和设置通风井，主体工程隧道两端各设置一个人工岛，东人工岛东边缘距粤港分界线约 150 米，西人工岛东边缘距伶仃洋西航道约 1800 米，两人工岛最近边缘间距约 5250 米。

海中桥隧主体工程采用双向六车道高速公路标准建设，设计最高速度为 100 千米 / 时，桥梁总宽 33.1 米，隧道宽度采用 2×14.25 米、净高采用 5.1 米。口岸采用"三地三检"模式分别由各方建设、各自独立管辖，香港口岸区设置在香港境内；珠海口岸和澳门口岸在澳门明珠点附近内地水域填海同岛设置。珠澳口岸人工岛填海总面积约 208.87 公顷，分为四个主要区域，包括：港珠澳大桥主体工程管理区、珠海连接线衔接区、珠海口岸管理区以及澳门口岸管理区。

珠海连接线起自珠澳口岸人工岛，经湾仔、珠海保税区北，止于珠海洪湾，连接珠江三角洲地区环线高速公路珠海南屏至洪湾段，全长约 13.4 千米，采用双向六车道高速公路标准建设，设计最高速度为 80 千米 / 时，路基宽度 32 米，桥梁总宽 31.5 米，隧道宽度 2×14 米。

2. 建造港珠澳大桥工程极其复杂

对于建设海上交通来说，最常规、最简单、最经济的方法就是架桥。但是在珠江口、伶仃洋海域建设跨海大桥却不是简单的架桥。为什么呢？

首先，珠江口有一条世界级的伶仃洋航道。最繁忙的时候这里每天

◀▌港珠澳大桥迎接黎明 ▐▶

要有4000多艘轮船——10万吨级大型货船（未来30万吨级）、施工船舶、锚泊船、过驳船、渔船、砂石船、危险品船等；广东省90%的货物航运要途经于此。另外，每天还有多达500多班次高速客船。为了确保珠江航道最大通航30万吨级油轮以及高度70余米的石油钻井平台要求，大桥的桥面高度必须超过80米，桥塔高度达200米。

其次，港珠澳大桥的桥位所在海域很靠近香港国际机场。香港国际机场位于新界大屿山赤鱲角，是世界最繁忙的航空港之一。全球超过100家航空公司在此运营，客运量位居全球第五位，货运量多年高居全球首位，每天有超过1800架飞机在这里起降。出于飞行安全考虑，海域周围的香港、澳门等机场却不允许有超过88米的建筑物矗立在其飞行航线上。

此外，伶仃洋是一片典型的弱洋流海域，属于弱潮河口，潮型为不规则的半日混合潮。每年江水会从珠江口夹杂大量的泥沙涌入海洋，若是修建大桥，桥墩无疑会增大此区域的水阻率，泥沙被阻挡后可能会阻塞航道。如果水阻率过大，经年累月，伶仃洋可能会变成一大片冲积平原，对大桥以北的珠江和海湾的演变、生态的演变、海床的演变等产生致命的影响。而隧道无疑又是一个显著降低阻水率的手段。因此，为了能成功避开这三个重要因素，工程师们提出一个"疯狂"的想法：放弃在海面上全部修建桥梁，而在海面下建一条超长的隧道，然后在两端各建一座人工岛，将桥梁与隧道连接起来，即"岛隧工程"。修建海底隧道能把主航道预留出来，为广州港、深圳港预留未来的发展空间，同时也能保证香港机场的飞机起降。很重要一点，岛隧结合也可以使未来即使发生大桥非正常被破坏，珠江航道也不受影响，商船货轮乃至军舰不会被桥梁阻隔，不会影响国家的国防安全。

港珠澳大桥于2009年12月15日开工建设，历时整整8年。这座特别的大桥集桥、岛、隧道为一体，桥岛相接，岛隧互连，为全世界

最长的跨海大桥。在这项"超级工程"一连串的第一背后，施工、技术人员面临了许多棘手的难题：超长的跨海距离、超

◁‖港珠澳大桥主桥和香港连接线犹如两条巨龙遥相呼应‖▷

深的海水深度、超级台风、洋流冲击和海浪冲刷……在大桥建设过程中，有 64 项重大创新让世界同行刮目相看，500 多项技术已经成功申请了国家专利，研究并实施了近千项技术成果，其中不乏许多疯狂大胆的想法，创下多项"世界之最"。

3. 大桥设计为 120 年的寿命

一说到港珠澳大桥，说它是超级工程，一个重要指标就是它的使用寿命为 120 年。这比当前我国跨海大桥的普遍使用寿命足足多了 20 年。目前，我国的桥梁隧道设计寿命都是按照 100 年来设计的，港珠澳大桥把这个设计寿命提高了一个等级，达到了 120 年。主要还是因为港珠澳大桥是粤港澳三地政府共建共管，地区之间有着文化的差异和制度的异同，工程要满足三地政府和三地市民的不同诉求，大桥服务于粤港澳三地，由三地出资并参与建设，所以经过反复协调磋商，最终在工程重大技术标准上采用三地较高的技术要求，即在技术标准上采用"就高不就低"的原则，这也反映了港珠澳大桥建设者较强的技术自信。技术标准的就高不就低原则，比较好地解决了三地政府和社会的需求，在很多重大问题上减少了分歧，使最终相关技术方案做到了三方都满意。比如，深受英国建筑思想影响的香港执行的是英标，英标中建筑物使用寿命为

120年以上，中国标准为100年，所以我们就按照120年要求设计施工；而大型海底隧道的车道标准中中国规范最高，所以采用双向六车道标准；在行车线阔度方面，香港规格是3.667米，内地是3.75米，结果大桥每条行车线阔度就采用了内地标准。

120年是国内大型工程首次采用的设计使用寿命。当然，面临的挑战也是巨大的。在港珠澳大桥的设计和施工理念中，从小到大，每一个环节都体现着建设者的精心和智慧。为了确保120年的使用寿命，港珠澳大桥的质量要求可以说覆盖了工程的方方面面。例如，选择寿命长的高性能材料，选择受力合理的结构，选择比较先进的施工方法等。

港珠澳大桥工程最重要的有两大主材：混凝土和钢结构。主要混凝土构件有沉管、承台、桥墩、箱梁等8种，而这8种构件的14个主要部位又分别处于大气区、浪溅区、水位变动区和水下区等4种不同的环境。在高

◀∥港珠澳大桥cb04标通航孔桥首个边跨大节段钢箱梁吊装成功∥▶

温高湿多盐的海洋环境下，影响混凝土耐久性的因素很多，侵蚀过程复杂，混凝土结构要实现120年的设计使用寿命难度十分巨大。港珠澳大桥混凝土的耐久性问题解决方法是结合湛江暴露站30年的数据经过无数次的实验优选了适应海区特点的混凝土配方。

而40多万吨钢箱梁的耐久性问题是需要解决在海区特殊环境下，钢桥面的疲劳开裂问题。既然是疲劳开裂，那就必须找到易疲劳点，经过不停地制作模型，无数次地进行焊缝加速加载试验，确定了焊接质量的保障方案，制定了相关设计准则和验收标准，钢桥面抗疲劳技术终于

有了重大突破。

4. "一国两制"三地的建桥"通关"

在一个国家，跨三个实行不同法律制度、行政制度的地区建设运营一座跨海大桥，之前国际国内从未有先例。"一国两制"三地既是港珠澳大桥和粤港澳大湾区建设的独特性、创新性所在，又是复杂性、艰巨性所在。

从2003年开展前期工作，到如今已通车，港珠澳大桥是这片粤港澳大湾区的"试验田"，如何实现在"一国两制"三地中顺利"通关"？2003年8月4日，这个日子，港珠澳大桥全体建设者都烂熟于心。这一天，国务院正式批准粤港澳三地政府开展港珠澳大桥前期工作，同意三地成立"港珠澳大桥前期工作协调小组"。协调小组由粤港澳三地政府代表共同组成，由港方担任召集人。国家发改委基础产业司和国务院港澳办交流司安排人员联络和指导。2004年3月，港珠澳大桥前期工作协调小组办公室正式成立，全面启动港珠澳大桥各项建设前期工作。

港珠澳大桥前期工作推进的过程远非一帆风顺。内地与港澳地区在政策法规、管理体制、办事程序、技术标准、思维习惯等多方面存在差异，三地政府分歧甚于共识，三方博弈涉及方方面面。三方的博弈最突

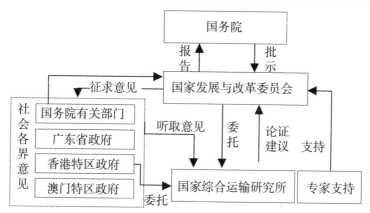

出反映在工程可行性研究的口岸布设模式上。"香港开始希望口岸采取'一地三检'模式，口岸选址在内地水域；广东则希望按'三地三检'模式，简化法律问题……"两方诉求无法共存，导致期间项目一度搁置。由于口岸布设上的争议，港珠澳大桥前期工作曾经在 2006 年的很长一段时间内无法推进，队伍几近解散。

转机发生在 2006 年年底。作为前期工作协调小组召集人的港方向中央去信，请求中央政府协调相关工作。2006 年 12 月月底，中央政府决定由国家发改委牵头，交通部、国务院港澳办、广东省政府、香港特区政府和澳门特区政府代表共同组成"港珠澳大桥专责小组"，主要负责协调由港珠澳大桥前期工作协调小组提交的决策议案、重大决策问题以及中央政府交代的任务。2007 年年初，第一次专责小组会议在广州召开，明确了口岸查验采用"三地三检"模式，口岸布设的问题迎刃而解。

港珠澳大桥专责小组的成立，完善了港珠澳大桥前期决策的组织体系与协调机制，从而形成了"港珠澳大桥专责小组——港珠澳大桥前期工作协调小组——港珠澳大桥前期工作协调小组办公室"的三级架构。中央政府的及时介入协调指导使大桥的前期工作快速推进。2008 年 12 月 31 日，共包括 46 项专题报告的港珠澳大桥工程可行性研究报告，由广东省上报到中央政府，5 年的港珠澳大桥前期论证工作宣告完成。

2007 年 2 月，国务院发展研究中心企业研究所就曾向港珠澳大桥前期工作协调小组办公室提交报告，提出"必须有'三地协议'，'三地协议'是协调机制的法律基础，也能向公众体现三地政府在项目上的共识和承诺"。

进入港珠澳大桥建设阶段后，为了在法律体系不同的三地高效组织建设管理，由三地政府签署"三地协议"成为必要。2010 年 2 月 26 日，粤港澳三地政府签订了《港珠澳大桥建设、运营、维护和管理三地政府协议》。根据协议，三地政府派代表共同构成三地联合工作委员会（以

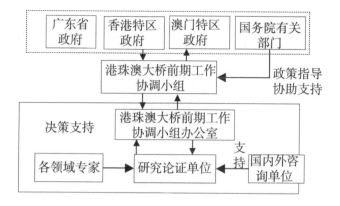

下简称"三地委"），并纳入港珠澳大桥项目管理组织架构。当年5月24日，港珠澳大桥三地委第一次会议在珠海召开，并成立港珠澳大桥项目法人——港珠澳大桥管理局，签署管理局章程。至此，前期工作协调小组和办公室完成了它们的历史使命。

实际上，从前期工作协调小组，到专责小组、三地委和管理局，港珠澳大桥决策经历了一个自我适应、自我调整的柔性演化过程。这个柔性的过程实现了大桥决策资源要素与决策问题的动态匹配和对接。对粤港澳大湾区而言，要做好决策工作，一要有"权"，即决策的权力；二要有"力"，即决策的能力。但对不同的决策问题而言，所需要的决策权有大有小，需要的决策能力也大有不同。因此，只有柔性的决策组织体系才能保证所需权利与能力不"冗余"也不"缺失"。

港珠澳大桥工程从前期开始就非常重视法律研究工作，委托法律专业研究机构全面介入，法律研究在项目推进过程中担任先行者的角色。港珠澳大桥最重要的法律成果就是"三地协议"，它是港珠澳大桥的"基本法"。以"三地协议"为基础，三方合理明确地阐明各自的权限范围和议事规则，只要把握好各自的定位，三方的互补性能够最大限度得以发挥。在"三地协议"中，三方政府创造性地建立了非诉讼的争议解决机制，也就是在大桥建设过程中产生的争议或分歧，均应通过协商解决，

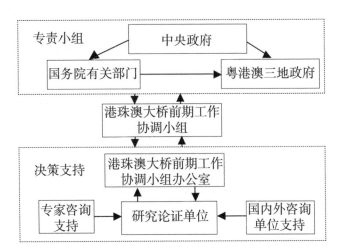

三地政府之间、项目法人与任一政府之间不得在任何区域启动任何诉讼程序。

8年的建设期证明，三地尽管在某些具体事项上有分歧或争议，但都牢固树立了遵守"三地协议"和管理局章程的观念和机制。"三地协议"很务实，把大的原则确定下来，其他细节的问题主要通过这个三级架构来解决，大大提高了决策的效率。

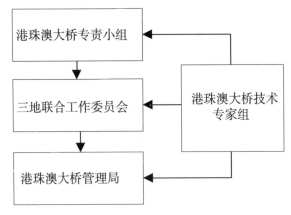

5. 港珠澳大桥的管理创新

想要弄懂港珠澳大桥，最先要弄懂的就是港珠澳大桥管理局是一个什么样的机构。大家都知道，港珠澳大桥是在"一国两制"条件下，粤港澳三地首次合作建设的特大型交通基础设施工程。然而，港珠澳大桥这个工程实在是太大了，国家的决策，三地政府的投入，全国人民的期望，三地政府的责任，哪一样都很重要，

◀️◀️ 2010 年 7 月港珠澳大桥管理局成立 ▶️▶️

都不能掉以轻心。这么大的工程总得有甲方乙方，港珠澳大桥工程的甲方就是港珠澳大桥管理局。由管理局面向工程承包商，由它向三地政府和人民请示汇报相关工程情况。再通俗一点说，它是"一国两制"下三地政府的全权代表。

港珠澳大桥管理局是由香港特别行政区政府、广东省人民政府和澳门特别行政区政府共同成立的事业单位。它的主要任务是：承担港珠澳大桥主体部分的建设、运营、维护和管理的组织实施等工作。2003 年 8 月，国务院批准开展本项目前期工作，同意成立由香港特区政府作为召集人，粤港澳三方组成的"港珠澳大桥前期工作协调小组"，负责协调前期工作有关事宜。2004 年 3 月，前期工作协调小组办公室成立，这个"前期办"就相当于港珠澳大桥管理局的前身。

2006 年 12 月，国务院批准成立由国家发改委牵头的"港珠澳大桥专责小组"，负责工程相关重大问题的协调。在"专责小组"和"前期工作协调小组"的领导下，"前期办"承担起了艰巨的大桥前期工作任务，协调三地政府，逐项解决了两岸登陆点、桥位方案、投融资等多个重大问题。2010 年 5 月 24 日，港珠澳大桥三地联合工作委员会第一次会议在珠海市召开。会议宣布三地委成立，协调小组和三地委进行了工作交接，并聘任"前期办"主任朱永灵继续担任港珠澳大桥管理局局长，

会议同时也一致通过了《港珠澳大桥管理局章程》。

2010年7月，港珠澳大桥管理局成立。管理局将以贯通三地交通、经济、文化的广阔视野，以科学高效的管理思路，严谨务实，阳光运作，积极推动港珠澳大桥主桥的建设，并积极配合大桥各区部分的实施，确保港珠澳大桥的顺利建设和运营管理，以实现"建设一流的跨海通道，为用户提供优质服务，成为地标性建筑"的项目建设目标。

在项目管理方面，港珠澳大桥主体工程由三地共建共营，根据前期工作积累的经验，采用"中央专责小组—三地联合工作委员会—项目法人"三个层次的组织架构。中央专责小组由国家发改委牵头，国家有关部门和粤港澳三个地方政府组成，负责协调与中央事权有关的事项；三地联合工作委员会由粤港澳三地政府共同组建。广东省人民政府作为召集人，主要协调与项目建设有关的公共事务并对项目法人进行监管，项目法人即港珠澳大桥管理局则由三个地方政府共同承担，负责大桥主体部分的建设、运营、维护和管理的组织实施等工作。在工程技术方面，由于涉及桥、岛、隧、路等几乎所有交通建设领域，交通运输部牵头组织成立了港珠澳大桥技术专家组，在重大技术方案、施工方案的论证以及重大工程问题的处理等方面提供咨询和技术支持，确保了工程建设的优质和安全。

◀‖2019年4月12日晚，原港珠澳大桥管理局局长，现任管理局党委书记的朱永灵先生在母校同济大学向师生作了港珠澳大桥建设情况主题报告‖▶

在项目实施过程中，港珠澳大桥管理局作为项目法人，依托三地政府，在现有法律法规基础上，开展了一系列的管理创新。工程推行大标段理念，充分发挥承包人资源优势，其中控制性工程岛隧工程由中国交建牵头采用设计施工总承包模式承建，通过设计—施工的组织集成，促进设计与施工的紧密结合，有效融合设计方及施工方的各自优势，有利于充分发挥承包人的技术、资源优势，统筹解决技术、质量、进度等难题。在工程质量管理制度设计上，参考引进了香港、澳门地区和国内高铁建设对混凝土生产推行的产品认证制度，实行首制件工程认可制；引进质量管理顾问、试验检测中心、测量中心，充实法人质量管理力量。在安全环保管理方面，借鉴石油化工行业的经验，建立了职业健康、安全与环境(HSE)一体化管理体系和HSE应急保障体系；组建了跨境环保联络小组，与海事部门紧密协作。全面加强海上通航安全监管，为工程建设的安全推进保驾护航。

港珠澳大桥"四大建设理念"。为达到"建设世界级跨海通道、为用户提供优质服务、成为地标性建筑"的目标，港珠澳大桥建设者们结合项目特点，形成了四大建设理念：一是"全寿命周期规划，需求引导设计，设计施工联动"的设计理念。二是"大型化、工厂化、标准化、装配化"的施工理念。三是"立足自主创新，整合全球优势资源"的合作理念。四是"绿色环保、可持续发展"的环保理念。

港珠澳大桥"四化"工法。一是大型化：把港珠澳大桥的桥隧工程相关结构化整为零，采用大尺寸的沉管管节和钢箱梁等构件来拼装。拼装时采用大吨位的施工船舶、大型的起吊施工装备。二是工厂化：所有的预制构件包括隧道构件、桥梁构件的生产制造，都在岸上工厂里面完成，经过检验合格出厂，质量较稳定。同时，工厂化生产减少了现场浇筑量，明显降低了对伶仃洋生态环境的破坏。三是标准化：与工厂化相匹配。大量相同的隧道沉管和钢箱梁等构件在岸上工厂预制生产，采用现代化流水线及统一工法，执行相同的技术标准，从而保证大桥质量的一惯性，有效控制大桥建设的成本与工期。四是装配化：岸上工厂生产出来的标准大构件转运到海区进行拼装。

三个战区同时打响"建桥"战役。如果将建设港珠澳大桥比作打赢一场"建桥"战役的话，那在港珠澳大桥主体工程这个主战场上，有三大作战区十大战役全面展开。第一作战区：岛隧工程，包括东西两个人工岛工程，基础处理，沉管制造，浮运沉放和最终接头五大战役。第二作战区：桥梁工程，包括基础工程，墩台制造，钢结构制造，架设安装四大战役。第三作战区：桥面铺装。

6. "水上公安"——海事部门

港珠澳大桥建设施工水域涉及广州、珠海、深圳、中山、东莞、香港、澳门等 7 个城市的港口航道和 30 多家参建单位，关联珠三角 300 多家港航部门、企业，施工高峰期有近 2000 艘船舶施工、近万名建设者同时作业。怎么保障水上施工时候的交通安全呢？这就得依靠"水上公安"——海事部门了。

2009 年，交通部海事局港珠澳大桥建设水上安全监管领导小组、广东省海事局港珠澳大桥建设水上交通安全监督管理领导小组相继成立，后来两个领导小组办公室合署办公，简称"大桥办"。大桥办的职责是负责组织、实施一切涉及大桥建设水上安全保障，协调和处置日常工作。大桥办的成立，是海事部门自我主动改革的结果，经过机构优化整合，统一对外机构体系，使得参建单位不

◁‖海事部门为工程保驾护航‖▷

需要再疲于办事，不需要再考虑这件事情到底是属于哪个部门管理的。为了更靠前保障，2012 年 5 月 8 日，广州海事局港珠澳大桥海事处在趸船上成立，这是全国第一个落户在大海上的海事处。

施工 8 年，海事部门就保障了 8 年。8 年间，海事部门共成功组织了 12 个阶段 41 次航道调整，保障了 300 万艘次的过往船舶安全同行；保障完成了 29.6 千米的海中桥隧主体工程、3 个海上人工岛，33 个 8 万多吨的沉管关节的浮运沉放；保障了 841 航次大型构件运输与安装安全，30 万艘次施工船舶的安全监管，累计清道护航 75 000 海里；先后组织召开各类协调会 600 多次，协调解决大桥建设安全问题近千项；确保水上交通安全"无事故、无污染、无伤害"的目标。

港珠澳大桥岛隧工程创新高 >>>

港珠澳大桥岛隧工程是整个大桥最核心、最关键的工程，采用两个离岸人工岛实现桥隧转换，超长、深埋沉管隧道，为当今世界同类工程中综合技术难度最大的工程。

1. 花钱买不来关键核心技术

建设港珠澳大桥有三个难点，其中一个难点就是外海沉管隧道的施工。在建设港珠澳大桥之前，全中国的沉管隧道工程加起来不到 4 千米，而且，中国工程师在此前没有外海深水隧道工程设计施工经验，这是我国第一次在外海环境下建沉管隧道，只有极个别人亲眼见过桥岛隧组合工程，完全可以说是从零开始。"零起点"意味着要虚心向强者"取经"。

2007 年，港珠澳大桥的工程技术人员为了准备这个"超级工程"组织到全世界考察，当时世界上有两条超过 3 千米的沉管隧道，一个是欧洲的厄勒海峡隧道，还有一个是韩国釜山的巨加跨海大桥。韩国的巨加跨海大桥虽然是韩国公司主持，但是沉管的安装是欧洲人提供的支持，每次都有 56 位荷兰专家从荷兰飞到釜山给他们安装沉管。中国考察团到韩国釜山考察时，向接待方提出看一看他们的沉管安装装备，被他们拒绝了。只允许中国考察团乘坐交通艇在三百米左右的海面上，用卡片机拍几张照片。从韩国回来后，担任港珠澳大桥岛隧工程项目总经理、总工程师的林鸣更加坚定一个决心：建设港珠澳大桥一定要找到世界上最好的，拥有外海沉管安装经验的大公司合作。

于是他们找到了当时世界上沉管技术最好的一家荷兰公司，没想到对方开了个天价：1.5 亿欧元！同时，施工过程及时间节点均由对方公司掌控。1.5 亿欧元当时差不多约合 15 亿人民币。谈判过程异常艰难，最后一次谈判时，林鸣跟谈判员说，你给他们说一个心理价，3 亿人民币。3 个亿，一个框架，能不能提供给我们最重要的、风险最大的这部分的支持。但是，荷兰人是这么说的，我给你们唱首歌，唱首祈祷歌！

正在建设中的人工岛和清晰可见的钢圆筒

跟荷兰人谈崩了之后，我们就只剩下最后一条路可以走：自主攻关！难以承受国外高额的技术咨询费用，世界上其他国家的沉管隧道技术也无法在此照搬套用，林鸣总工程师不得不从零开始，自主攻关，带领团队开始挑战外海深埋沉管。

港珠澳大桥的建设历程再次证明，花钱买不来关键的核心技术！这还是民用技术，军用技术更不用说了！

2. 从空白开始建造的岛隧工程

伶仃洋的现实条件是附近海域没有现成的天然岛屿可供使用，那就必须修建人工岛。岛隧工程，谁先谁后？先建隧道还是先建人工岛？稍微懂工程的人估计就知道，要想建隧先建岛。人工岛就像桥梁和隧道的"转换装置"，这样桥梁就不会直接"跳进"大海里面。而珠江伶仃洋海域是一个典型的弱洋流海域，每年有大量的泥沙从珠江流入伶仃洋，这样才慢慢形成了珠江三角洲的冲积平原。但是如果修建的人工岛长度或者宽度过大，则相应地会阻挡部分泥沙流入大海，水阻率一旦超过10%，经年累积，泥沙就很可能将人工岛甚至整个航道变成下一片冲积平原。所以建造人工岛不是随意定大小，也需要进行最优化计算。

经过相关单位对海域长时间的调研计算，要达到阻水率小于10%的标准，人工岛的尺寸长度必须控制在700米以内。这700米的一个因素就直接将隧道的建造方法确定为沉管隧道。因为另外一种方法盾构隧道，就像高铁穿山的隧道一样的盾构隧道需要稳定性很高，隧道埋挖比较深，直接造成长引桥，这样两个人工岛长度就会严重超标。所以只能选择沉管隧道，比盾构隧道方案整整减少约400米的岛屿长度。经过港珠澳大桥前期工作协调小组办公室、设计团队和专家的大量数据分析研究后，结合建造经济性和环保要求决定采用沉管隧道方案。

确定了沉管隧道方案，就可以将人工岛的形状通过计算得出，人工岛长度可以控制在625米左右，这就满足了阻水率低于10%的要求。不过，建造人工岛并非易事，既要为珠江口预留巨轮通行航道，又要保护中华白海豚国家级自然保护区的生态环境。按照设计要求，沉管隧岛与桥梁转换用的两个人工岛采用的是传统抛石填海的方法。伶仃洋海域海底有15～20米不等的淤泥，如果直接在淤泥基础上抛石斜坡或常规重力式沉箱，则会因地基不稳而存留隐患。那就得清除淤泥或者是采用排水固结的办法使淤泥变干，然后再抛石斜坡或重力沉箱。但是排水固结不现实，伶仃洋的水如何排光？那就得清除两个人工岛位置及周边的淤泥，经过计算，要清理大概800万立方米的淤泥。800万立方米什么概念呢，就是可以堆出三座胡夫金字塔，而且工期长达3年，到时一定

◀|| 正在进行钢圆筒施工的人工岛 ||▶

会影响伶仃洋航道的正常通航，安全风险太高。而且3年时间里大量挖淤泥势必要把伶仃洋海域搅成烂泥汤，对海洋环境造成巨大的污染，不符合环保要求。

　　在港珠澳大桥建设之前，我国建造外海人工岛的技术积累几乎是空白。在水深10余米且软土层厚达几十米的深海中，如何打下这个超级工程的"基座"，成为大桥岛隧工程项目部团队面临的难题。在外海造人工岛，既要解决工程技术难题，也要兼顾保护中华白海豚国家级自然保护区的生态环境，需要平衡的因素很多。安全、环保、工期……各种矛盾交织在一起，如何在各种错综复杂的矛盾中寻求平衡的解决方法呢？作为大桥岛隧工程项目总经理、总工程师的林鸣冥思苦想……

　　直到2007年，一个新的构想出现在林鸣的脑海中——何不将一组组巨大的钢圆筒直接深插进海底加以固定，然后中间填泥沙进而形成人工岛？"提出这个想法后，有一年多，没有人理这个茬，甚至有人说是异想天开。"林鸣接受采访时说。但是没有其他办法了，林鸣找到全国工程勘察设计大师王汝凯说出这个大胆的想法，王大师觉得这个大直径钢圆筒围人工岛的新方案可行，同时愿意组织团队来研究。就这样，王汝凯大师组织团队用了3个月时间做钢圆筒建岛不成立的反向研究，3个月细致、反复的研究，专家们达成共识，结果是大圆筒快速成岛的施工新方案否定不了，可行！但同时，王大师团队提出了三个施工方面的问题：一是如此大的钢圆筒世界第一次用，怎么把它设计加工出来；

二是如此大的钢圆筒，用什么设备将它打下去；三是如此大的钢圆筒，需要多大的力气才能将它牢固的直直地打入海底？这些都是亟待解决的问题……

3. 大桥人工岛的中国速度

如果"巨大的钢圆筒"能够解决成岛的问题，那至少800万立方米的淤泥不需要挖了，建设工期也不需要3年了，最主要是白海豚的家不需要变成烂泥塘了。虽然钢圆筒振沉国外有相关案例，钢圆筒振沉在国内也有过相关探索，但是用这种方法进行成岛确实是世界首例。

2002年，地点长江口，钢圆筒直径12米，尽管后来钢圆筒振沉是成功了，但是由于水流和地质等影响，圆筒最后还是倒了。2003年，地点广州虎门大桥，一个护岸项目，钢圆筒直径13.5米，和长江口的一样，振沉也成功了，但是钢圆筒变形了，筒之间出现了漏沙漏水的现象。所以，国内的探索经验根本不成熟，国外的案例也没有用这种方式成岛，最终还是得靠国内组织团队进行科研攻关技术创新。

在中国第三大岛屿——上海崇明岛边上有一个叫长兴岛的岛屿，这里有江南造船厂的船舶制造基地，还有一家全国最大的钢结构制造中心——上海振华重工。振华重工牛啊，是全世界港口机械占市场份额80%以上的重型装备制造企业。经过许多专家的长时间认证，钢圆筒终于在振华重工长兴岛基地投入生产了。

虽然超大直径钢圆筒、液压振动锤联动被正式采纳

◀|正在运送钢圆筒的"振华16"|▶

为最终筑岛方案，但是问题还是接踵而至。经过建模计算，筑岛用的钢圆筒共需要 120 个（西岛 61 个，东岛 59 个），单个直径为 22 米，截面积超过一个篮球场面积，根据海床地质情况钢圆筒高度为 40.5 ~ 50.5 米不等，相当于 18 层楼房，单个钢圆筒质量为 450 ~ 550 吨，质量相当于一架空客 A380 飞机。这么大的一个钢圆筒，世界上没有一个卷板机和模具能够完成钢圆筒的制作，就意味着要采用模块组装工艺，而且经过调研，必须分 72 个模块进行组装。问题又来了，平均 50 米高的钢圆筒采用 72 个模块焊接组装，如何才能保证几十次组装后的误差控制在 3 厘米之内呢？如何才能把这个"大笔筒"焊得又圆又直呢？

经过振华重工的技术人员集体攻关，确定了在钢圆筒内部使用"内胆"的方法使得我们这个"大笔筒"焊得又圆又直，内胆骨架都做标准了，72 个模块焊接组装起来就相对简单了。就这样，120 个钢圆筒的生产终于符合了设计要求。但问题又来了，这 120 个像 18 层楼房高的钢圆筒怎么从上海运到 1600 千米以外的伶仃洋呢？这不仅是个技术活，还是个体力活，不仅是个体力活，还是个很费体力的体力活。为了将 120 个"大笔筒"顺利运到珠海大桥工地，振华重工将所属的 10 万吨左右的远洋运输船都"定制"成了钢圆筒运输船，解决了运输工具的问题，这也是将远洋运输船第一次运用到了大型工程上。

运输工具问题解决了，谁来开船呢？当然是船长啊！但是，所有的船长都说一船 8 个 18 层高楼般的钢圆筒

◀◀◀ 正在运送钢圆筒的"振华 24" ▶▶▶

挡住驾驶室视线，在这种情况下在繁忙的中国沿海没日没夜地跨越3个海区航行1600千米，中间要面临台风频发、航行视线、现场定位等多重挑战，这压力太大啊，出了事就是大事啊。不敢开，想办法啊！当然，最终在中国人面前这都不是事，随着2011年11月30日第15船钢圆筒运抵伶仃洋，振华重工圆满地完成了这120个"大家伙"的制造和运输任务。

这120个钢圆筒很重要啊，每一个都发挥了大作用，就是它们使得东西两个人工岛从2011年5月15日开工到12月21日结束，只用了221天，远远少于传统抛石建岛的3年。当年施工，当年成岛，这才叫中国速度嘛！

4. 创下"一日振沉三筒"纪录

尽管已经决定了采用钢圆筒振沉的方法修筑人工岛，但究竟能不能达到相关要求，仍是一个未知数。钢圆筒问题解决了，那怎么把这些单个直径22米的"大笔筒"不偏不倚地深插进海底30多米呢？振沉需要的设备就是摆在岛隧工程建设者们面前最主要的拦路虎。要在外海采用振沉式钢圆筒结构形成人工岛，国外没有这方面的案例可以照搬复制，而国内钢圆筒振沉也只有相对失败的经验。因此，就必须完成一次从技术体系、装备到施工手段上的彻底革新，这是一次只能成功不许失败的探索。

经过在全世界范围内多轮调研分析、选择后，确定由美国APE公司制造8台APE600型液压振动锤，这已经是世界上激振力最大的液压锤了。但是液压振动锤在整套振沉系统仅占很小一部分，系统包含的"振沉管理系统"软件的研发，多台液压振动锤的联合组装调试等，都等着国内技术人员一项项去克服解决。举一个工程中最简单的例子，为了检测振沉工程中钢圆筒上的许多点和面上的压力载荷数据变化情况，每个钢圆筒不同地方要安装60多个传感器。为了确保这些传感器在水下振

◁‖ 巨大的钢圆筒被稳稳地插入海底 ‖▷

沉时候的"存活率"，技术人员不仅要在计算机上分析振沉时传感器的工作及存活情况，而且还要耗费体力在高40多米的钢圆筒上来来回回不知道爬多少次。但是他们有信心，信心来自他们拥有强大的管理团队，拥有具有国际竞争能力的人才、技术及设备资源。

已经签订购买液压振动锤合同了，但那时，单台APE600型液压振动锤已经有了工程应用，但是4台以上联振却基本没有，因为这相当困难，只要有一台在液压、电气、机械三方面稍微有一点不同步，钢圆筒非但不能笔直地穿透海底，还很有可能将钢圆筒像纸片一样撕破。简单来说，就是这套系统的制造要求近乎苛刻：8个构件单体加工平整度达到0.5毫米、粗糙度达到3.2微米。为了能实现完全同步，成立专题组进行联合攻关，分别用了7种不同的算法，对钢圆筒振沉的可行性进行全方面的计算。根据APE600的性能参数反复验证振动锤的适应能力，最终选定了8锤联动方案，这就是"八锤联动液压振动锤"的由来！是专题组联合攻关来的，是计算得来的！这个由8个APE600振动锤组成的振动锤组，是目前世界上最大的液压振动锤联动装置，激振力可达3960吨，能够轻易吊起1600吨的重物，然后振沉，边抽边打。因为世界上是首次使用这么多的振动锤组，如此大功率的振沉设备，而且8锤联动，确保它们高精度共振，所以都昵称它为"天下第一锤"。

当然，八锤联动液压振动锤是一整个系统，不仅有8台美国

APE600型液压振动锤，还包括共振梁、吊架、同步装置、液压设备、控制装置等设备，其中国内技术人员自主研发的"钢圆筒振

◀‖ 8个APE600振动锤组成的八锤联动液压振动锤 ‖▶

沉管理系统"发挥了巨大的作用。有了它，工作人员在控制室就能对钢圆筒入土情况实时校对检测，振沉施工中精度这个第一大事终于解决了。

为了尽快推进振沉系统的试验和最终运用，岛隧工程建设者们分别在美国西雅图、上海、天津和珠海四个地方设置了工作点。天津塘沽是做试验，1:1进行试验，包括验证它的止水性能。上海是由振华集团来做这套系统的共振梁、吊具等制造、研发和调试。钢圆筒及振沉系统所用的起重船，都是由振华重工制造。美国西雅图负责与美国企业一起加快振动锤的生产制造。珠海，技术人员进行海上现场测量、布点，这些工作都是同步进行的。

每个钢圆筒外侧都有两个凹槽，用于组装镶嵌副格。如果在振沉过程中垂直精度超过误差允许范围（设计垂直精度偏差为1/200，这是一个极为精细的偏差），那副格就无法安装了，更别提岛壁维护止水结构了。整套液压振沉设备和第一个钢圆筒最终赶在2011年5月6日运到了珠海。在经过最终的系统设备调试和一系列准备后，15日上午10时，天空下着小雨，港珠澳大桥西人工岛的第一个钢圆筒，在双钩大型起重船"振浮8号"的帮助下，顺利打进了海底20多米的深处，垂直精度达到设计要求。

随着操作越来越熟练，岛隧工程建设者们还一度创下了"一日振沉三筒"的纪录。有了八锤联动液压振动锤的帮助，一天竟能完成3个钢圆筒的振沉，这个速度实在太惊人了！因此，到2011年12月21日，东人工岛最后一个钢圆筒振沉完成，从第1个钢圆筒到第120个钢圆筒，岛隧建设者们仅用了221天，成功实现了当年开工，当年成岛。这些成绩的取得，都离不开国内技术人员的联合攻关创造出来的八锤联动液压振动锤。

5. 具有世界级难度的两个人工岛

港珠澳大桥海底隧道是我国首条外海沉管隧道。而隧道建设的第一战，就是要以最快速度在海中建起两个离岸人工岛，实现伶仃洋海域中桥隧转换衔接。

那么，为什么要建东西两个人工岛呢？不能只建造一个吗？一个不是更省钱？港珠澳大桥全长55千米，不可能造这么长的隧道，因为海底沉管隧道造价非常昂贵。经过反复认证，海底隧道长度确定为6～7千米。怎样才能让桥和隧道对接呢？这就要靠建造人工岛来完成。车辆从桥上直接行至人工岛上，接着从人工岛进入海底隧道，再从海底隧道的另一端进入另一个人工岛上，继而行至桥梁上，最终抵达伶仃洋的彼岸。

在人工岛的设计初期，有许多专家质疑，在珠江三角洲地带，泥沙较多，在泥沙冲击下，日积月累，人工岛的长条形状会不会造成海域泥沙的大量淤积，最终会使

◀◀◀ 正在热火朝天施工中的人工岛 ▶▶▶

人工岛越来越大而使航道堵塞？还是阻水率问题，阻水率！相关技术人员马上带着问题去调研。在长期充分调研的基础上，艰苦攻关，终于建立了珠江口河流海域的相关数据模型。在模型试验的基础上，将东西人工岛由原来的长条形状调整为椭圆形，并最终优化为鹅卵形（也有的说是蚝贝型），使人工岛迎水面宽度从最初的 1000 米缩短为 625 米。

港珠澳大桥的东西两个人工岛工程，采用了世界首创激振力最强的八锤联动液压振动锤和自主研发的"钢圆筒振沉定位精度管理系统"，为超大钢圆筒的振沉工作安装上了"眼睛"，使施工全程都能实现精确定位。就这样，在伶仃洋海域，1600 吨起重船"振浮 8 号"吊着振沉系统和钢圆筒，计算机同时启动 8 台动力柜和 8 台振动锤，在自主研发的"钢圆筒振沉精度管理系统"引导下，实时监控钢圆筒在振沉过程中的状态，世界最大的振沉系统在海面上开始作业了。

建造人工岛采用钢圆筒作为岛壁维护止水结构，必须保证钢圆筒间完全不透水，必须使钢圆筒深插入不透水土层，因此极度考验国内技术自主研发的全新深插圆筒设计计算方法、施工设备及工法的精度。如果垂直精度不够，定制好的 242 个副格就无法和钢圆筒完全组合，这样就不能构成岛壁了。

2011 年 5 月 15 日上午 10 时，液压振动锤将西人工岛首个钢圆筒振沉入海底设计位置，插入泥中 21 米，垂直度偏差小于 1/500。港珠澳大桥岛隧工程首个世界超大直径、超深埋深、超大体量钢

◀◀ 采用钢圆筒 "快速成岛" 方案建成的西人工岛 ▶▶

圆筒顺利振沉，揭开了西人工岛岛壁维护止水结构施工序幕，标志着港珠澳大桥岛隧工程项目人工岛工程正式实施。

首个钢圆筒振沉到位后，马上组织待命的运砂船按照每分钟不大于50立方米的速度向钢圆筒内注砂，3个多小时后，8000立方米砂填筑完毕。同年9月12日，随着西人工岛最后一个钢圆筒，也就是第61个巨大的钢圆筒以垂直偏差小于1/600且稳稳插入珠江口开阔的海面上，港珠澳大桥海中西人工岛顺利合龙，主体结构宣告完成。钢圆筒全部打下后，作业人员将内部的海水抽干，填入200万立方米的沙子，夯实压紧，形成人工岛的建筑基础。

东人工岛于同年9月22日开工，在西岛振沉经验基础上，从两天振沉1个筒到最多一天可振沉3个筒，2011年12月21日，随着第120个，也就是最后一个钢圆筒被稳稳地振沉入东人工岛海底，举世瞩目的港珠澳大桥岛隧工程东人工岛顺利成岛。120个钢圆筒全部振沉完毕，为期7个月的东、西人工岛围护工作完美收官，顺利实现了东西双岛"当年动工、当年成岛"的最初目标构想。这标志着港珠澳大桥岛隧工程建设赢得了"第一场战役"，接下来的工作重点将转移到海底隧道的施工。在这221天内，120个巨型钢圆筒在伶仃洋海面围成两个小岛，创造了钢圆筒单体体量、振沉精度、振沉速度等多项世界纪录。

东人工岛长625米，最宽约215米，施工总面积约10万平方米，西岛长为625米，最宽处约190米，面积为9.8万平方米，两个人工岛最近的边缘间距约为5250米。钢圆筒的施工工法、精度不仅让日本专家消除了之前所有的怀疑，他们也不得不向中国人伸出大拇指。在人工岛工程竞标期间，日本一家企业向业主推荐了传统的"钢板桩"方案，并希望在隧道人工岛施工中采用这种工艺。之前，他们的专家有过怀疑，现在他们只有佩服。

东、西两个人工岛的建设是港珠澳大桥岛遂工程中控制性工程之一，具有世界级的技术难度。岛壁维护结构采用钢圆筒，圆筒间插打副格，副格是止水结构的关键部位。东西两岛建设共用了 120 个直径 22 米、单体重 500 吨左右的

◀‖港珠澳大桥东人工岛的美丽夜景（设计图）‖▶

钢圆筒，242 个副格，每个钢圆筒都相当于一栋高层住宅楼。已施工完成的人工岛创造了钢圆筒单体体量、振沉精度、振沉速度等多项世界纪录。采用的大型远洋轮运输钢圆筒并将大型运输轮直接用于工程现场、8 锤联动振沉钢圆筒等工法均为世界首创。

2017 年 3 月 31 日，港珠澳大桥西人工岛主体建筑首层顺利封顶，珠江口"地标性"建筑之一已经初现雏形。按照设计方案，西人工岛的主体建筑建成以后，将承担着运营和养护的功能，而更靠近香港大屿山的东人工岛，则承担着旅游观光的功能。

7."半刚性"沉管的中国创新

现在作为大桥控制性工程之一岛隧工程中的人工岛问题已经解决了，那"岛"的亲兄弟"隧"的问题应该怎么解决呢？

当然，技术人员的第一想法还是"洋为中用"。因为自 1928 年人类工程史上修建第一条钢筋混凝土沉管隧道以来，全世界修建的隧道数量在 150 条左右，而在港珠澳大桥投入建设之前，中国自己只在一些江河一两千米的小距离上做过水下隧道，这么短距离的经验、数值等可借鉴的意义不大。

在以往全球所有的沉管隧道施工中，沉管的结构只有刚性和柔性两种结构体系，包括世界桥梁界谈论最多的韩国的釜山港大桥隧道和瑞典的厄勒海峡大桥隧道。刚性沉管好比"长条的积木"，优点就是接头少，漏水的概率低，但是缺点就是未来在复杂海底环境如果受到外界压力，特别是出现沉降或者受力不均匀而造成开裂的可能性大。一共约 200 个沉管接头，其中有一个开裂而漏水，造成的后果也是灾难性的。而柔性呢，就好比"小块积木"，用多段小沉管铺设，这样的结构对比刚性优点是应对沉降或外界不均匀受力能力强，缺点是接头太多了，漏水概率大。

还有就是现有的施工记录显示，这两种结构体系都用于浅埋隧道，沉管连接好后的覆盖层约 2 米左右，而港珠澳大桥是世界上第一条深埋沉管隧道，最深的覆盖层超过 20 米。覆盖层 20 米对比 2 米，这沉管承受的覆盖压力差了近 10 倍！面对深埋沉管，国外权威沉管隧道专家也束手无策。不管选择刚性和柔性，都不符合港珠澳大桥的实际情况，而且将会造成 120 年的使用寿命内巨额的后期开支。

能不能另辟蹊径走出独立发展沉管结构体系的道路呢？一天，岛隧工程总工程师林鸣脑中突然闪现了"半刚性"的概念，并马上组织设计团队仅用了一个月时间就完成了《半刚性沉管结构方案设计与研究报告》。"半刚性"其实就是找刚性和柔性的平衡点，吸收刚性和柔性各自的

◀‖半刚性沉管预制中‖▶

优点，避开它们的缺点而成的一种新结构体系。"半刚性"具体方案就是将180米的沉管分为8个小节进行制作，再用60条钢绞线将8小节沉管紧紧地串起来。这个"半刚性"概念和方案的提出，虽然开了国内外沉管结构体系的先河，但是马上被国外专家批评得体无完肤，因为他们认为咱们国家从来没有像样地建造过沉管隧道，哪有什么资格来创新一个沉管的结构体系？

2012年年底到2013年8月，以林鸣为代表的项目部成员经过200多天研究、调研、计算，最后仍然坚信"半刚性"是适合港珠澳大桥沉管隧道的科学方法。后来，项目组邀请中国和日本共6家专业机构就"半刚性"沉管结构问题展开平行模拟实验研究。6家专业机构根据伶仃洋海底岩石及水土结构特点，结合各自机构的经验及理论体系，背靠背地进行计算分析，分别建立了相关模型。最终各个机构都从原理及实验数据上验证了"半刚性"沉管结构的可行性。

经过近两年的坚持和努力，项目组不但将深埋沉管的结构问题解决了，而且在以后的沉管预制结构体系中增加了中国人发明的"半刚性"结构。经过这件事情以后，参加过韩国的釜山港大桥隧道和瑞典的厄勒海峡大桥隧道建设的荷兰专家都直接说："中国，了不起！"有着30年隧道工程建设经验，日本隧道专家花田幸生对这项技术进步也赞不绝口。

"半刚性"沉管为沉管隧道的建设开启了一个"新世界"，也正因为有了"半刚性"的沉管，港珠澳大桥沉管隧道才能经受40多米深的大载荷水密性考验，真正做到"滴水不漏"。

8. 牛头岛上的"大块头"

在岛隧工程沉管施工过程中，每一个环节都能体现出集成创新。港珠澳大桥海底隧道海中沉管段总长为5664米，共由33节沉管和1个最终接头一一对接而成，是世界最长的公路沉管隧道和唯一的深埋沉管隧道。施工海域横穿中华白海豚保护区，最大安装深度超过45米，地质条件十分复杂，质量标准和环保要求特别高。管节标准段长 180 米，高 11.4 米，宽得容纳 6 辆汽车并排行驶，达到 38 米，比韩国釜山巨济隧道管节体积大 50%，单个管节重达 7.4 万吨，比"辽宁号"航空母舰满载排水量还重约 7000 吨，如果将沉管管节两头封闭后它即可像一艘大船一样漂浮在海面上。

当项目组确定好隧道沉管结构以后，就要开始建造隧道用的 33 节沉管了。这 33 节"大块头"中有 28 节是直线型的，5 节是曲线型的，位于连接东人工岛的隧道段。为了防止沉管漏水，沉管的管壁钢筋混凝土最厚的厚度达到了 1.5 米。1.5 米的厚度，使得沉管确实重得不成样了。

怎么造呢？在海底造？不可能。在海面搞艘施工船预制？海况不好，船需要很大，不现实。那就只能在岸上选址建造预制厂，对，专门建厂。因为沉管实在是太大了，要求还不低，不能有裂缝，最主要是要保证 120 年的使用寿命，只有在标准化工厂实施严格的工厂预制质量管理，才能保质保量保工期地把沉管生产出来。选址怎么选，当然是选择方便运输这些 8 万吨"大块头"到海域的地方。一调研还真有，就是距东人工岛 7 海里外的珠海桂山牛头岛！

◀‖ 岛隧工程中沉管预制厂全景 ‖▶

就这样，为了生产这33节巨型沉管，珠海、香港、澳门三地政府同意在珠江口外的珠海桂山牛头岛，专门建造一个全球最大的"一次性"现代化超级沉管预制厂。与预制厂同步建造的，是可以存放一个大型沉管的深坞，起到沉管的浮运前的过渡作用。

早前的珠海桂山牛头岛，很荒凉，深坞所处的地方也是一个大大的野水塘，长满了一人多高的野草。由于远离陆地，施工和技术人员孤岛作业，从人员食宿、交通到生产建材、机械设备的运送，电力系统、通信网络的保障，所有的工作都是从零开始。一句话就是工期紧、条件差、难度大。但是所有建设者还是坚守岗位，以每天进步一点点的量变，完成了从零到一的质变。

面朝大海，春暖花开。从沉管深坞的爆破开挖、深坞门的浇筑，从坞门设备安装到坞门浮运安装，一切都有条不紊。终于，从2010年12月28日到2012年初的14个月，投资10多亿元的沉管预制厂和沉管深坞同步建成。沉管预制厂设计建设中采用了多项世界范围内创新设计及技术，总面积达56万平方米，相当于20个足球场面积般大小，厂房有两条生产线，各具备独立的钢筋绑扎台座和水泥浇筑台座，侧翼为其相对应的钢筋加工区。

预制厂内设置的这两条超级生产流水线，工人要依次完成钢筋绑扎、混凝土浇筑、蒸汽养护等工作，每条超级生产流水线需要80天才能生产出一节沉管。此外，沉管180米分8段浇筑，

◀‖海底隧道沉管管节预制‖▶

22.5 米每段为一个预制单元，在流水线上标准化预制生产。沉管预制厂为大桥的岛隧工程预制了 33 个巨型沉管，当然工厂预制沉管并不是中国第一家，丹麦的厄勒海峡就已经这样了，但是港珠澳大桥有 5 节是半径 5500 米的曲线段沉管，这是中国首开曲线沉管工厂法预制的先河。

沉管生产经历钢筋加工、绑扎、钢筋笼顶推、体系转换、预埋件安装、模板复位、混凝土浇筑、管节养护等工序，一共有 156 道工序，包括 6 个大项 23 子项，116 个小项。在每个沉管、每个节段的生产过程中，工程部、设备部、质检部、施工人员都不厌其烦，一次次趴在地上检查钢筋绑扎、焊接质量，一圈圈地检验各设备运转情况。每个节段钢筋绑扎精度要求误差控制在 1 厘米以内，箍钢筋等部位误差要求在 5 毫米以内。

有朋友问了，为什么要那么标准呢？一切都为了保证 120 年的使用寿命。每段沉管分 8 节预制，每节之间以凹凸槽相互咬合连接，只有尺寸精确才能确保咬合上。沉管沉到海底，只有精确才能确保对接上且不漏水。沉管预制过程中如果有裂缝或者预制后到安装过程中产生裂缝，哪怕是细微的裂缝，经过长时间海水侵蚀，渗透进钢筋表面，钢筋被腐蚀开裂，体积增大，就会引起混凝土的膨胀，造成沉管整体的损坏，影响沉管的使用寿命。

许许多多因素都能影响沉管的寿命，细节决定成败。混凝土中各成分的配比影响着沉管的牢固度，为了找到最好的配比光实验就做了千余次，搅拌机用坏了 4 台，经过反复调整配比，终于优选了超级沉管所需最合适的混凝土配比。混凝土搅拌时会产生大量的热量，但是工艺上对混凝土搅拌有温度要求。为了给搅拌降温，搅拌都在有空调的室内，石子堆场也加装喷淋系统，混凝土搅拌时加入冰块等全程温控措施确保沉管浇筑施工的工艺。

为了确保沉管滴水不漏，沉管混凝土浇筑必须一次完成，每一节沉管浇筑后，必须在 30 小时内不间断用消泡仪器不停地消除混凝土中的细小气泡。气泡的存在就是不结实和漏水的隐患，绝不允许有隐患的存在。预制沉管采用的是一套集成系统，沉管预制模板是振华重工与德国 PREI 公司合作设计建造，混凝土搅拌系统选用了德国利伯海尔，混凝土布料系统采用德国大象技术，管节顶推系统设计与法国 VSL 合作。

在桂山牛头岛沉管预制厂，用来浇筑管节的模板已经搭建完毕，两套模板总重达 12 000 吨，每套模板由构成核心的内模和底模、侧模等 6 部分构成，通过自动液压系统进行组装及脱模。港珠澳大桥沉管为柔性管节，其 22.5 米长的大断面矩形节段将采用全断面整体浇筑的工艺。混凝土的浇筑是一个难点，要保证浇筑后不能有裂缝，沉管在 40 米深的水压下不能渗水，对于混凝土的结构和性能提出了很高的要求。

为了克服种种困难，负责研究的课题组根据沉管管段的耐久性要求，从低

◀‖ 每个沉管预制件顶面都是平整的，截面都是矩形的 ‖▶

热低收缩混凝土制备、温度应力模拟技术、施工阶段的裂缝控制措施等方面展开研究，提出适用于施工阶段确保混凝土结构不出现危害性裂缝的一整套温控措施、施工技术指南。一个管节要在 24 小时内浇筑混凝土 3600 立方米，浇出的大型薄壁结构管节不能出现裂缝，同时容重偏差小于 2%，虽然说单次浇筑量不是很大，但在如此复杂的构建中的浇筑量还是世界上罕见的。

2012 年 5 月份左右，用于海底隧道的第一个沉管正式开始预制，并于同年 8 月份完工。可能有人会问，为什么沉管隧道必须要顶面平整而不能选用圆的或者马蹄形呢？这是由沉管的建造施工方法决定的。首先一般钢筋混凝土沉管隧道管节是在干坞的地面上支模现场浇筑的，既然要用到模板体系现浇钢筋混凝土结构，那么异性（如圆形）模板体系成本肯定要比平面直角的模板体系要高得多，对于沉管管节这种动辄七八万吨的钢构件，更是没有条件做成其他样子了。

总之，一是因为现浇的钢筋混凝土结构做成圆形不经济，尤其是沉管这种长度 180 米，宽度 30 米，高度 10 米，厚 1.5 米，重 8 万吨的大家伙。二是因为沉管管节顶部需要与沉放船一起配合安装大量舾装件。都在一个平面内容易定位施工和保障沉放精度。三是因为矩形的空间利用率相对较高。

9. 高性能环氧涂层钢筋

钢筋混凝土是海洋工程中的主要材料，在浪溅区的混凝土结构腐蚀最为严重。尤其在伶仃洋地区，由此引起混凝土结构使用寿命缩短，花费大量资金进行返修甚至重建，直接影响工程的安全使用。钢筋锈蚀是影响混凝土钢筋结构耐久性的主要原因，钢筋锈蚀产物使其体积增大 3 ~ 7 倍左右，体积膨胀产生应力，会造成混凝土开裂和剥落。

普通环氧涂层钢筋达不到防腐蚀的预期效果，因为普通的环氧涂层钢筋标准偏低，如美国 ASTM A775/A775M 的标准，虽然目前已在破损面积、涂层厚度和漏点控制上有明显改进，但在湿附着力的指标上一直没有提出要求，是属于普通的标准规范。但缺少控制涂层脱层的关键指标——湿附着力，因此该类钢筋虽然是用环氧粉末进行涂装，实际上的湿附着力偏低。如美国佛罗里达州的大桥发生的早期混凝土破损的现象，就是由于这类标准的产品没有根本改变耐久性差的问题。

高性能环氧涂层钢筋是提高混凝土结构耐久性的最可靠方法。高性

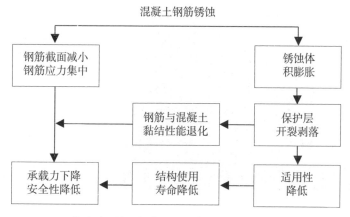

◁┃ 海洋环境下钢筋混凝土结构破坏过程图 ┃▷

能环氧涂层钢筋就是有别于普通环氧涂层钢筋的新产品，根据涂层脱层是涂层钢筋防腐失效的基本原因为出发点，从涂料和涂层工艺掌握了提升高性能环氧涂层湿附着力等性能的方法，并采用控制涂层厚度和漏点的涂装工艺，大幅度提高钢筋混凝土使用的耐久性，有效地满足我国工程建设的发展需求。

港珠澳大桥设计寿命 120 年，要求大桥的承台和墩身也要至少 120年的耐久性。大桥的承台和墩身处在海洋环境比较恶劣的大气区、浪溅区和海水区，对特定的海泥环境，我们先后从涂层的抗渗透性、耐阴极剥离性等着手研制新型涂料，解决涂层的耐久性问题。中国技术人员研制出新一代高性能环氧涂层钢筋技术，作为技术规范应用于港珠澳大桥的混凝土承台和墩身结

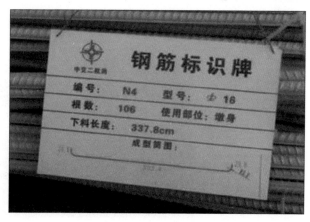

◁┃ 高性能环氧涂层钢筋产品 ┃▷

◀‖ 港珠澳大桥墩身钢筋中试的施工现场 ‖▶

构中钢筋的防腐。从检测的性能指标得到的结果，高性能环氧涂层钢筋除满足国内和国际相关标准要求外，还提高了涂层的抗渗透性、湿附着力和黏结强度要求，满足了海洋环境下不同区域混凝土钢筋长效防腐的需要。高性能环氧涂层钢筋参与大桥基础的防腐涂装施工，保障了港珠澳大桥 120 年耐久性设计要求，打破了国内大桥的"百年惯例"。

10. 不可缺少的建桥重器——挖泥船

港珠澳大桥的岛隧工程是深埋沉管，既然是深埋，那就得在海底为航母般大的沉管管节预先挖出一条 48 米宽，最大深度 48.5 米的垄沟。谁能在大洋深处开展如此精细的工作呢？答案是国产挖泥船。

这些挖泥船全都是中国的重型大工器，是中国重器，在建造港珠澳大桥工程时都用到了这些挖泥船，并且它们都是由中国制造，概不出售！

首先介绍的是抓斗式挖泥船"金雄号"，这艘挖泥船在当时被称为港珠澳大桥"第一挖"。因为金雄号是被改造成海底基槽精挖船，这种抓斗式挖泥

◀‖ "金雄"抓斗式挖泥船 ‖▶

船是通过挖泥船顶部的抓斗深入海里进行抓泥任务，主要是通过滑轮的原理来达到这一目的。第二艘挖泥船是绞吸式挖泥船"捷龙号"，这艘挖泥船的原理主要是通过底部旋转的绞刀装置来挖泥，再运输到固定的地点卸泥。这种挖泥船的效率高、操作简单、成本较低，是被广泛使用的一种挖泥船。第三艘挖泥船则是耙吸式挖泥船"广州号"，这是一

◁‖ "华铨号"挖泥船在东人工岛施工 ‖▷

◁‖ "粤航沣038"挖泥船在东人工岛
施工 ‖▷

艘耙吸式挖泥船。这种挖泥船主要用过船体两侧或是尾部的耙头吸泥，效率高、操作灵活，抗风浪的能力也比较强。第四艘和第五艘也是耙吸式挖泥船，叫作"万顷沙号"和"赤湾号"。最后两艘是抓斗式挖泥船"华铨号"和"粤航沣038"。

11. 复合地基 + 组合基床

伶仃洋海底表面淤泥含水量高达 50% ~ 60%。最初，石头抛上去基本都陷在泥汤里，怎么都达不到精度要求。工程师们在世界上首次研究采用了复合地基 + 组合基床的基础施工方案，利用自主研发的装备，

采用挤密砂桩、基槽精挖、抛石夯平、基床清淤、碎石整平的施工程序。

工程人员使用形如钻井平台的打桩船，在厚厚的淤泥层中，每隔一定间距就打一根挤密砂桩，对淤泥地基进行排水加固，

◀||"三航桩 6"正在进行港珠澳大桥岛隧工程挤密砂桩施工||▶

把"嫩豆腐挤成老豆腐"。整条海底隧道基槽要打 5 万～6 万根直径 1.2 米的砂桩，这些砂桩最深的打到海底 20 多米，直达坚固的硬土层。

12."津平 1 号"碎石整平船

8 万吨的沉管预制好了，但是它绝不是拉到海上预定位置一扔了事的。像航母这么大的 33 个沉管一个个要依次安装在海底，而且还是"深埋"在海底二三十米，基础不平可不行，基础不牢，地动山摇！

经计算，港珠澳大桥沉管隧道需要整平的地基面积约为 24 万平方米，施工现场由于海况常年较差，水下标高的控制难度很大。沉管隧道基床面层采用碎石结构，5664 米沉管基床需铺设约 56 万立方米碎石，平整度要求控制在低于 40 毫米。搞好海底基础有以下工序：一是先由抓斗式挖泥船巨大的抓斗，在水下挖出 48 米宽、最深 48.5 米水深的垄沟；二是铺上 2 米厚的大石块，并用振动锤把块石夯平，最后平整铺上一层 1.3 米厚的碎石垄。其中最难的就是最后这一层 1.3 米厚的碎石垄了，因为它相当于是沉管的"席梦思"了，沉管在 120 年内"睡"得舒不舒服就看它的平整度了。一旦出现不平整的地方，沉管在"席梦思"上睡得不舒服了可是要出事情的。

首节沉管直接连接人工岛的暗埋段，施工环境制约着施工船的展开，所以采用了人工铺设的作业方法。22 名专业潜水员两两结伴潜水，分成 11 组，潜入海底作业，在海底人工铺设。但是如果整个约 6 千米基床都采用人工铺设的话先不考虑潜水员吃不吃得消，就是工期也得拖得很长了，而且精度也高不到哪里去。

所以如果沉管安装需要按时保质保量地完成的话，一艘高精度的碎石整平船是不可少的。只有高精度的碎石整平船才有高精度基床，只有高精度基床才有高精度的沉管安装。

当然，一开始，中国的技术人员也想过"洋为中用"。最近的一次国外外海沉管隧道就是大家熟知的韩国釜山海底隧道。寄希望于国外取经的大桥工程师们这一次等来的还是国外的技术封锁。一行人去了韩国，韩方虽然热情接待了，但是一听到要上整平船去参观，人家就不乐意了，只允许你乘坐交通艇在离整平船几百米的海域绕几圈看看。取经团花了一周时间居然只拍了几张船的远景照片回来了。

国外的技术封锁让中国工程师们暗下决心，一定要造一艘比国外更先进的整平船出来！岛隧工程项目部把这个艰巨的任务又一次地交给了振华重工，又是振华重工！振华重工接受了造船的任务！但是"毫米级"的整平精度让这个连整平船的样子都没见过的研发团队想往前迈一步都很艰难。

经过调研，韩国公司的整平船是采用漂浮作业方式，船体在海浪的干扰下严重影响基床铺设精度。韩国整平船的工作原理没有被借鉴，一是伶仃洋海域的常年海况比釜山巨济岛海况恶劣，二是港珠澳大桥沉管基床施工水深更深，三是港珠澳大桥沉管更宽，对基床精度的要求更高，所以国内技术人员必须自力更生。研发一度陷入胶着、毫无进展的尴尬境地。

但是命运是垂青不停努力的中国建设者们的！经过一番潜心钻研，

根据港珠澳大桥实际施工现场工况，科研人员将石油钻井平台的抬升系统工作原理应用到整平船的设计中，用4个桩将工作平台抬出水面以加强平台的稳定性，终于克服了伶仃洋海域涌浪的影响，成功地满足了沉管施工过程中"毫米级"的精度要求。

"津平1号"碎石整平船是中国首艘具有高精度深水自升式整平船。它是一个包括抬升系统、锁紧系统、管理系统、供料系统、测控系统大整平平台，具有国内完全自主的知识产权；是一个集定位测量、水下抛石、深水整平、质量检测于一体的高精度碎石铺设整平装备，各项指标都属世界领先。"津平1号"碎石整平船为"回"字形结构，自重约5000吨，依靠4个直径2.8米，长90米的桩腿撑起。整平船的抬升系统可以控制4个桩腿的高度，使得它们想什么时候停就什么时候停，想让它们停哪就停哪。

2012年3月16日，"津平1号"碎石整平船在海域进行实验评审。随机选择的100个监测点有96个点的平整精度达到要求。整平船上的一根长72.7米钢结构的抛石管和抛石管上的声呐是基床铺设精度和智能化的保证，使得抛石作业就像拥有水下摄像头，基床上哪处有一个坑，抛石管就会相对多抛点石料。在后来E13沉管基床的施工中，整平船的抛石精度还达到了2毫米的世界纪录。"津平1号"碎石整平船刷新了许多世界纪录的同时，也刷新了国内外行业专家关于深海碎石铺设作业中精度

◁‖ "津平1号"完成E2管节第二个船位
定位工作，并准备连夜开始整平工作 ‖▷

难以控制的传统观念，日本专家冲山桢雄惊叹："这样精度的装备在世界上是首屈一指的！"

后来，在沉管安装施工过程中，E15 安装遇到海底淤泥回淤异常严重的问题，虽然暂时依靠人力解决了，但是考虑到多方面的问题，最好能在"津平 1 号"碎石整平船加装基床清淤装置。经过 200 多名技术人员组成的项目专家组 4 个月的联合攻关，终于使"津平 1 号"实现了多功能化，使它成为世界上第一艘兼具清淤和碎石铺设整平功能的可清淤整平船，实现了水工行业上一次伟大的技术飞跃，这是一个原集合技术中加入崭新元素的成功典范。

"津平 1 号"成为可清淤的碎石整平船后，它的高精度基床铺设能力和完美的基床清理回淤能力解决了伶仃洋海域复杂水动力环境下泥沙回淤严重的问题，确保了沉管施工的工期和质量。

13. "津安 2 号" "津安 3 号" 沉管安装船

沉管安装船的工作原理就是把沉管运到施工海域并进行沉放安装，它是沉管浮运和海底对接的指挥和操控中枢，直接对水下无人对接系统发送操作指令。因此，没有这个船，沉管安装无从谈起。除了安装船以外，安装船上还需要有一套沉管调整装置 EPS 的设备，但是这套装置提前已经被荷兰公司申请了专利，而且对方明确表示不转让专利。面对国外技术封锁，国内技术人员又被逼上了自我研发的道路。这次又是振华重工！这次它走了与荷兰公司完全不同的路子！

荷兰公司的 EPS 是由一个门架、两套液压系统将沉管外部定位系统先定位在海床上，然后利用一套 800 吨级的垂直千斤顶和一套 200 吨级的水平千斤顶来调整水下沉管的位置。而振华重工用的是微寸动原理，在船上配置 8 台大型绞车收放钢缆，根据管节上的 GPS 系统反馈管节与基准线的偏差，以收放精度 2.5 厘米的速度控制绞车钢缆的收放，沉管管节最小移动速度可以达到每秒毫米级别。

◀‖ 港珠澳大桥岛隧工程第 11 沉管安装 ‖▶

另外，在振华重工研制的"津安2号""津安3号"两艘"双子星"沉管安装船上，还配备了自主研发的沉管压载水调节系统、沉管拉合系统、深水测控系统等世界先进的安装辅助系统，可以实现在安装船的控制室就能完全掌握沉管从浮运到安装的每个环节。

这两艘"双子星"也被人叫作"姐妹花"。它们为双体船结构，由一个梁和两个浮箱组成，分为指挥船和非指挥船，可以实现沉管的浮运、定位、沉放、安装、微调等功能。在海上作业时还可以抵抗一定的涌浪并将沉管沉放至海底以下40多米处，成为国内最先进的海底隧道沉管浮运和安装的专用船舶，也是世界上技术最先进、安装深度最大的沉管安装船舶。

◀‖ 正在进行港珠澳大桥海底隧道沉管安装 ‖▶

在33节沉管的浮运、安装中，"津安2号""津安3号"两艘船屡建奇功，连64岁的日本隧道专家花田幸生都不得不承认："它俩是非常专业的沉管沉放设备。"

14.33 节沉管的浮运

在牛头岛的沉管预制好了以后，下一步就是如何将这8万多吨重的大家伙控制好，然后做好运过去、沉下去、对接上这三件事。说着很简单的三件事情，其实光第一件事，运过去就很难了，这就是沉管的浮运工作。卫星发射需要天气"窗口"，沉管的浮运也需要选择一个风平浪静、海流舒缓的"窗口期"。而伶仃洋海域的特殊性决定了"窗口期"特别短也特别少，一个月中只有一两个。

"大块头"沉管在浮运过程中风险是最大的，从牛头岛沉管预制厂

◀∥ 沉管出坞 ∥▶

到安装现场，要经过12千米长距离沉管拖航。复杂多变的伶仃洋洋流，要搞好拖运工作，必须仔细全面分析掌握海区海浪、海流、风速等综合数据。由于珠江主航道只有240米宽，而沉管却有近40米宽、100多米长，如果沉管一旦失控搁浅，不但1个多亿的造价废了，造成的航道堵塞后果不堪设想。技术人员创新发明了"沉管浮运管理系统"，将沉管浮运的过程与导航系统结合起来，充分保证了浮运轨迹的准确性。

沉管浮运时，为了确保安全，有9艘锚艇在四边陪伴，12艘海事船在上下游警戒扫海，整个船队总马力超过5万匹。不光需要船队，沉管的浮运还需要计算各个船的拖拽力、水流速度与方向，潮汐、海水密度和大风的影响。一旦拖拽力计算不准确，就有可能造成缆绳断裂，沉管失控。整个拖航过程最好在逆流情况下完成，因为惯性太大，必须控制在一个非常缓慢的速度，最快的速度也只有0.5节左右，最慢的在

◀‖ "姐妹花"在进行岛隧工程最后一节沉管浮运 ‖▶

0.03 节。每一节沉管的浮运都是一场大的"兵力协同作战",考验着建设者的体力和智慧,首节沉管 E1 从深坞出门到达安装海域 12 千米左右距离,总共花了 13 个多小时。

15. 首节沉管 E1 安装的 96 小时

在港珠澳大桥建成之前,世界上比较长的现代沉管隧道,只有丹麦与瑞典之间的厄勒海峡沉管隧道和韩国釜山 – 巨济的沉管隧道两条,长度分别为 3.5 千米和 3.2 千米。港珠澳大桥的海底隧道为 6.7 千米,建设面临海底隧道最长、隧道埋深最深、单个沉管体量最大等世界性难题。

在没有任何国内外沉管隧道建设经验可借鉴的情况下,大桥岛隧工程团队加班加点对外海深埋沉管隧道安装创新技术及安装装备进行独立研发,并取得一系列技术突破。港珠澳大桥岛隧工程沉管安装具有四个方面的挑战:一是在开放式海域,海洋及海底环境难以预测。二是珠江口很容易遭遇突发灾难性天气,风险难以防范。三是大规模的海上和水下工程不可视,直接感知非常困难。四是我国缺乏大量技能水平高的工程潜水作业人员。

港珠澳大桥岛隧工程 33 节沉管是从西往东依次编号为 1 到 33,前面加 E 是英文单词 element 的缩写。安装顺序分为两个阶段,第一阶段是自西人工岛开始往东从 E1 至 E28 安装,第二阶段是自东人工岛开始往西先安装 E33,再安装 E32……以此类推,最后安装 E29 完成汇合。那沉管安装 E1 首当其冲!

首节沉管 E1 长 112.5 米，宽 37.95 米，高 11.4 米，总质量为 44 000 吨。如此巨大的沉管在外海施工，是中国土木工程界第一次组织，E1 的"海底初吻"的难度被国内媒体广泛报道为堪比"神舟九号"与"天空一号"的太空对接。

2013 年 5 月 2 日上午 11 时，港珠澳大桥岛隧工程的首节沉管 E1 两端密封后被固定在"津安 2 号""津安 3 号"安装船上，它从桂山牛头岛的深坞中缓缓出来，边上有 9 艘锚艇、12 艘海事船、10 多艘大马力拖船，好大的阵仗。13.5 小时后，E1 到达安装海域上方。E1 与西人工岛"暗埋段"对接，E1 管体呈 2.99% 的斜度，施工较为困难。谁都想到了作为第一次的 E1 沉管安装将会困难重重，但是谁都没有想到会上上下下历经 3 次沉放，"海底初吻"居然持续了 96 个小时！

岛隧工程沉管安装有一个核心的系统——压载水系统，涉及沉管上数十个海底阀门、上百个控制节点和接头，还直接关系到排水动力、通信系统、监控系统等多方面，100 多条主线、1000 多条支线，错综复杂的管线从密封的沉管里接通到"津安 3 号"安装指挥船的控制室。沉管安装过程在水深 40 多米的海底不可视环境下通过控制线缆进行无人对接，这些管线如同连接大脑和身体各部位的神经，每一个接点都必须连接到位，每一条线路都必须保证通畅。在沉管安装过程中，如果有一个细小环节出现联通故障，轻则导致沉管安装的失败，重则酿成管沉船毁的重大事故。

5 月 3 日雨过天晴，伶仃洋风和日丽，是一个沉管安装理想的"窗口期"。E1 安装开始，施工人员将 24 个巨大的锚抛向海底，每 12 个锚与一艘沉放驳船相连。通过指挥船上的沉放系统自动控制缆绳收放以调整沉管的姿态和位置，使其符合沉放位置要求。施工人员完成了沉放与对接前的准备工作：拆除了沉管止水带的防护罩，潜水员拆除了海中保护罩底端的螺丝，装好沉管上方的拉合千斤顶……5 月 4 日 15 时左右，

◀‖潜水员准备下水作业 ‖▶

沉管内压载水箱注水后缓缓往下沉，当沉管安装完毕后偏差13厘米，检查后才发现海底基床比原来高出约5厘米，这是一个大家始料未及的情况。因为早在4月30日工程人员测量过，当时的基床是符合要求的。短短几天时间，基床回淤如此严重。此时，距离E1出坞已经30小时。4日晚上，施工人员只能将沉管内海水抽空，让沉管重新浮起来。同时，组织22名潜水员，两两结伴潜水，分11组下海底手工清淤。

组织E1第二次沉放，放下去了，但是管节仍然高出11厘米，这和设计要求必须控制在7厘米以内相比，还是有不小的差距，此时时间过去了56小时。还要不要组织第三次沉放？有人建议先歇歇，连续工作的人们都表示，干不动了，也不想干了。但是，此时的媒体早已长枪短炮围在周围，全世界都在等待中国首节沉管安装成功的消息。为了这"海底初吻"，大部分人还是决定再来一次。

5月6日上午10时，沉管E1压载水箱注水，开始缓缓下沉。在"津安3号"安装船的控制室里，沉管以1厘米/分的速度往下沉放。沉管沉放和对接，完全在不可视的海底环境下进行，控制室的控制台集成了声呐测控、数控拉合等先进的控制系统，所有动作依靠电脑控制完成。在沉放到位后，依靠沉管对接精调系统及拉合系统将E1与"暗埋段"进行了精确的拉合对接。96小时不眠不休换来了"海底初吻"的最终成功。最后经检查，E1 对接的精确度控制在横向偏差 2 厘米，纵向偏差不到 3.5 厘米，轴线偏差在 5 厘米以内。

16.E10 安装遇"海底断崖"

沉管安装从西人工岛的"暗埋段"对接的 E1 开始，是一个由浅及深的过程。2014 年 4 月，沉管安装进入深水领域。E10 沉管安装基床深度达到了 45 米（沉放自然水深 10 米，基槽水深 35 米），这个深度已经接近了潜水员空气潜水的极限深度。E10 虽然沉放对接成功了，但是经过技术人员调查发现，基床区域有不规则的强洋流，这和普通海流在海底越来越小的规律不符合，这就意味着今后 8 万吨沉管安装时很难进行精确的操控。

经请教国家海洋环境预报中心专家，海槽里面这不规则的强洋流叫海洋内波，形成的原因是因为海水因盐度不同形成了上面盐度高、下面盐度低的分层现象。在密度高的海水中浮力较大，密度低的海水中浮力较小。如果从密度大往下到密度低的海水中，物体所受浮力突然减小，重力不变，这就会引起物体突然下坠，就像遇到了海底"断崖"。1963 年，美国的"长尾鲨号"核潜艇曾经就遇到了这样危险的情况，突然的下坠使得官兵们来不及做出反应就已经跌入千米深的海底，超过了潜艇最大工作深度最终使这艘潜艇艇毁人亡，一艘价值 5000 万美元的核潜艇化为乌有，艇上 129 名艇员全部丧生。

为了解决海底强洋流问题使得监控沉管在漆黑海底的运动姿态显得非常重要。为此，项目组又邀请国内水文专家和中航工业计量所专家，深入分析深水管节对接运动特性及监测需求，运用国内最先进的微机械陀螺和高精度倾角传感器，构建了一套创新的管节运动姿态监测方法，并在关键的前端设有多支备份传感器，保证了测试信号的准确可靠。

在 2014 年 7 月 21 日的 E11 沉管安装中，实时监测系统发挥了重要的作用，实时监控着沉管的六自由度运动参数，在监测和预报的保障下，对接顺利完成了。从 E11 开始，这套系统经过不断地改进，越来越适应沉管的安装对接，保障了 E11 到 E33 沉管的精准对接。其中，E29、E30 的对接精度更是达到了不可思议的毫米级。

17. "好事多磨"的 E15 安装

"每一次都是第一次"，这是悬挂在工地的横幅，也是扎根于内心的坚守。在 E11 ~ E15 沉管安装前夕，考虑到安装管节位置处于伶仃洋主航道区，深槽的水流变化加上台风、通航等多重因素，加大了沉管的安装难度和风险。为此，团队专门展开了对深水深槽区沉管施工技术的攻关。2014 年 11 月 15 日 18 时，E15 按计划起航，伶仃洋上"舰队"浩浩荡荡，浮运成功到达安装海域。16 日清晨，施工人员顾不得连夜的劳累，连续地进行着沉放前的准备工作。在沉放前的例行潜水检查中潜水员发现沉管基床有至少 4 厘米的回淤，这就不符合安装条件了。工程指挥员很清楚，14 日用多波探测仪扫测还是符合安装条件的，在短短的 24 小时内，居然有这么大的回淤。

面对这种情况，是继续安装？是沉管飘着，清淤后安装？还是停止安装，沉管撤回深坞？各种声音都有，好多人都想着来都来了试试吧。那时，"津平 1 号"整平船还没有被加装清淤装置，基床回淤就意味着需要挖掉重新铺设，直接损失上千万；沉管回拖一次几千万，后两种不管哪种都会增加巨大的财务数字。看来还是继续安装最经济实惠。但是继续安装产生的结果有很大的不确定性，有可能会误差过大，但是因陷入淤泥而无法重新提起，造成工程的永久遗憾。

最终，鉴于对 120 年使用寿命高度负责的态度，各方一致决定：基础不牢，地动山摇！清淤后安装，但是人工清淤不是一两天能完成的，海况慢慢恶化，只有一条路了，回撤！ 11 月 17 日 18 时，E15 正式回撤。伶仃洋海域风力已经达到 6 级，浪高达到 1 米多。E15 的返航遭遇了沉管浮运以来最恶劣的海况，巨浪能轻松把人打翻，好几个人差点被卷进海里。在大风大浪中苦斗 24 小时后，E15 终于回到了深坞。大风大浪方显英雄本色，为此，项目部专门召开表彰大会表彰在 E15"回家"路上做出突出贡献之人。

为了弄清楚这次 24 小时之内突然回淤而且回淤物直径也突然增大的原因，交通运输部协调了国内研究潮汐、气象、泥沙方面的资深专家 25 名会诊伶仃洋。专家组先后召开专题会 36 次，开展 9 类 300 余项问题与风险的排查，8 次集体会诊施工现场，采用了卫星遥测、多波束扫描与水体含沙量测量等手段，终于发现施工海域以北约 18 千米处有大面积浑水分布。到现场一看，原来是有近百条采砂船正在作业，原因找到了！

解决了"源头"之后，清淤新铺的基床上面终于不会有异常回淤了，碎石看得清清楚楚。终于可以重新开始了，静等"窗口期"的到来。2015 年 2 月 24 日，农历大年初六，在离 E15 第一次安装 3 个多月后，终于等到了"窗口期"。有了前车之鉴，这次项目部不仅增加了人手到 500 多人，将能想到的 238 个风险点都做了预案，浮运之前所有信息反馈都是正常。但是，"好事多磨"，上午 10 时 40 分，当浮运航程至三分之二处，基础测控报告，基床东北部有大面积堆积物，潜水员探摸的结果是大面积回淤厚度达 60 厘米，这是一次塌方式回淤。停止浮运！停止安装！所有人都惊呆了！第一次连续 72 小时不眠不休，斗回淤斗大浪，压力已经接近极限值了。第二次人手增加一倍多，从大年三十准备到大年初六，没想到又是这个结果，想到这很多人都忍不住地失声痛哭！既然选择了远方，便只顾风雨兼程。哭完大家还得把 E15 拖回它"老家"去，25 日 10 时，E15 安全回"家"。

发现问题，解决问题。后来专家们研究发现，之前采砂船带来的回淤物在沉管基槽边坡上有一定高度的淤积，随着高度不停地累积后，终于出现了第二次安装之前的塌方式回淤。经过一系列的再次准备之后，

3月24日凌晨，"窗口期"再次来临，E15开始了第三次征程。26小时之后，25日凌晨5时58分，E15在40多米深的海底与E14完成精准对接，成功了！终于成功了！这一次，很多人又哭了，但这次是高兴的泪水。

18. 最纠结的弯管 E33 安装

重达8万吨的直管安装已经如此费劲了，那如果是8万吨的弯管该怎么办啊？现在问题来了，E33就是8万吨的弯管！E33是与东人工岛"暗埋段"对接的一段沉管，这8万吨的弯管该如何顶推、拖运，最后实现安装对接呢？

弯管的重心偏移，在预制厂顶推过程中，各个位置的千斤顶的作用力须不停地调整以保证沉管在水平状态。如果某个位置的千斤顶力度不够，轻则造成沉管重心偏移，重则造成沉管损坏。在推动沉管出厂过程中，推力的控制非常难，弯管的结构形态造成了推力是一个不断调整的

过程。海上拖运的过程更是复杂，E33的曲线形态不可能在海面沿着直线前行。由于受力不均，海面浮运时经常会出现沉管的倾斜、方向走弯的情况发生。

就算成功将E33弄到安装海域，它的安装问题更加让技术人员头疼。首先是安装全过程姿态的控

◁‖2016年10月6日，项目部领导深入了解E33沉管浮运安装的各项准备工作‖▷

制，随着管内注水，不像直管，弯管注水的每个过程受力都会随时变化，这就需要不停地调整缆绳力度来控制沉管姿态。其次还有东人工岛"暗埋段"及 E33 的安装轴线与水流方向斜相交形成的"挑流"问题。这个斜相交形成的"挑流"使得沉管在海底的姿态更加不好控制。还有一个"纠结"问题就是清淤问题。"津平 1 号"加装了清淤功能后，很久没有采用潜水员清淤了。但是由于 E33 是在岛头施工，大型清淤船没有了施工的空间，基床的清淤只能依靠潜水员来完成，清淤周期很长。最后一个"纠结"的问题是 E33 的安装遇到了 2016 "厄尔尼诺现象"年，让原本一月只有一次的安装"窗口期"更加飘忽不定了。

经过精心筹备，一年的专题科研，首个弯管安装上的前几个"纠结"问题慢慢地克服了，但是基床整平和台风问题却一直如影随形。2016年 7 月 12 日，项目部开始 E33 基床处理，计划在 9 月择机安装，谁知 8 月 3 日台风"妮妲"在深圳登陆，让潜水员的工作付之东流，而新的清淤工作又得花费一个月。就这样，1 个多月的基床整平清淤周期导致气象保障系统也形同虚设，谁都不可能预报出 30 天后的天气。台风"妮妲"导致 9 月安装计划泡汤，10 月份一定要安装完毕，所有建设者都在暗自下决心。9 月底，经过近 30 天的奋战，22 名潜水员终于完成水下基床的整平铺设工作。

10 月 3 日，国家海洋环境预报中心的专家从气象云图上发现，新的台风正在形成，7、8、9 日就能达到伶仃洋海域。决策会上，纠结的一幕又出现了，错过这个"窗口期"，基床整平清淤工作重新开始，安装就得等 12 月份，如果到时再有台风，那这对整个大桥工期影响太大了。经过 3 天的决策会，所有人员统一了意见——干！

10 月 7 日凌晨 5 时，E33 浮运开始。此时 19 号台风"艾利"已经成为强热带风暴从巴士海峡往北而来。下午 1 时多 E33 抵达安装海域，此时现场风力已经达到 6 级，"津安 3 号"晃动厉害，这怎么安装啊！

还好等到 8 日凌晨 2 时，海域风力居然奇迹般地减小了，好兆头！E33 开始沉放，经过 26 小时的连续沉放安装作业，9 日早晨 7 时，E33 与东人工岛"暗埋段"成功对接。经过测量，轴线、标高、纵坡等参数完全符合设计标准，"最纠结"的 E33 沉管终于完成安装。

19."海上大力士"振华 30 号

起重船是一种用于水上起重作业的工程船舶，又称浮吊、浮式起重机，广泛应用于海上大件吊装、海上救助打捞、桥梁工程建设和港口码头施工等多个领域。

"振华 30 号"是中国交建下属上海振华重工设计建造并自营的世界最大起重船。这艘船由 30 万吨的油轮改装而成，船身长 297.55 米，宽 58 米，船底到主甲板型深 28.8 米，排水量约 15 万吨，主甲板面积约为 2.5 个标准足球场。该船于 2016 年 5 月 13 日在上海长兴岛基地交付，并在现场命名为"振华 30 号"。该船以单臂架 12 000 吨的吊重能力和 7000 吨 360° 全回转的吊重能力位居世界第一，被誉为"大国重器"。在吊重试验中，该船成功起吊了高于最大吊重能力 110% 的船舶，显示其"实力强劲"。

"振华 30 号"具备自航能力，安装了 12 个推进器，带 DP2 动力定位功能，满足动力定位功能，包括 2 个 2750 千瓦的侧推、6 个 3800 千瓦的可伸缩式全回转推进器以及 4 个 3250 千瓦吊舱式推进器。"振华

◁||| "振华 30 号"吊起沉管隧道最终接头 |||▷

30 号"与普通起重船相比，不需要拖轮配合，节约了拖航时间，作业、定位等行动更加精准。在"振华 30 号"起重船的配合下，6000 多吨的沉管隧道最终接头被成功沉放进位于海底的 E29 和 E30 沉管之间。

20. 超高分子量聚乙烯纤维干法纺丝

港珠澳大桥隧道主体工程贯通，有一个至关重要的"功臣"，就是由十几万根高强度纤维丝组成的吊带。港珠澳大桥吊装中所用的吊带，每一条都是由十几万根这样的丝线组成，整条吊带不仅要承受比辽宁号航母还重的沉管隧道，还要在整个吊装过程中确保绝对平衡。

"振华 30 号"最终接头吊装所用的 4 根吊带，每根长 120 米，直径 40 厘米，由 14 万多根高强度纤维组成。按照市场惯例，60 米长的巨型吊带它的相对误差值一般是 1.2 米左右，但为了保证最终吊装的绝对平衡万无一失，项目部要求这四根吊带拉伸后之间的相对误差必须控制在 5 厘米以内。比常规吊带精度提高了数十倍，并全部经过额定载荷检测试验，这是一个全世界范围内都极为苛刻的要求。长度误差控制在 5 厘米内，1 厘米、1 厘米、再 1 厘米……就这样精确地进行最终接头地吊装，其高精度的程度让所有人悬着的心随着吊钩每一次起吊又放下了。

港珠澳大桥建设过程中最终接头、钢箱梁、组合梁等吊装，都大范围采用了这种高性能吊装缆绳。这高强度的吊装缆绳原材料仅发丝 1/10 粗，强度却比钢索还大。这些丝线的材料是超高分子量聚乙烯，强度是普通尼龙绳的 20 倍。这样一根直径 0.5 毫米的细丝线，承重力能达到 35 千克。所以，一个 35 千克左右重的物体，真的可能被这一根丝线吊起来，而港珠澳大桥所用的吊带，一条就由十几万根这样的丝线组成的。

这种高性能吊装缆绳的专业全称叫"超高分子量聚乙烯纤维干法纺丝"，又称高强高模聚乙烯纤维，英文全称：Ultra High Molecular Weight Polyethylene Fiber，简称 UHMWPE。它非常细，大概只有头发丝的 1/10 粗，是目前世界上比强度和比模量最高的纤维，比强度是同等截面钢丝的十多倍，比模量仅次于特级碳纤维，其分子量在 100 万~500 万的聚乙烯所纺出的纤维。

超高分子量聚乙烯纤维是世界三大高新材料之一，以质量轻、强度

高、耐腐蚀等特点广泛应用于国防、军工及民用领域。据报道，美国超高分子量聚乙烯纤维 70% 用于防弹衣、防弹头盔、军用设施和设备的防弹装甲、航空航天等军

◀◀| 比头发丝还细的超高分子量聚乙烯丝线 |▶▶

事领域，而高性能纤维的发展是一个国家综合实力的体现，是建设现代化强国的重要基础物资。中国国产的超高分子量聚乙烯纤维是耗时 10 多年才研发成功的，由它做成的缆绳比钢索强度还高，而且非常柔软，防弹衣、防切割手套、降落伞、海洋缆绳等很多产品都用它。

21. 6000 多吨的最终接头

2017 年 3 月 7 日，港珠澳大桥海底隧道最后一节巨型沉管异形曲线段管节 E30 安装取得圆满成功，轴线、纵坡、蜡尾高差等各项关键指标均满足设计标准。自此，33 节世界最大体量的沉管全部安装完毕。紧接着，是决定港珠澳大桥成败的关键工程——沉管隧道最终接头。从技术难度和施工难度上来说，整个大桥的核心部位是岛隧，岛隧的核心是隧道，隧道的核心则是最终接头。

岛隧工程建设者创新采用"主动顶推止水整体安装"新型接头结构和新工法，这也有一个创新过程的故事。2012 年岛隧工程总工程师林鸣带队去日本考察，因为日本在沉管隧道施工方面有较多经验，当时已

经拥有 3 种最具代表性的最终接头建造工法。此次调研他带回两种思路：一是采用传统的海底现浇的方式，二是创新的整体式结构。最终，怀着

◁‖ "三明治"最终接头在"振驳 28"上做安装前的准备工作 ‖▷

对团队创新能力的自信，没有购买日本的专利技术，也没有采用传统的现浇方式，而是独辟蹊径，走自主研发的道路。三年间，他们推翻了十几个方案，统一认识，采用"整体预制安装式"结构，也正是这个新型钢筋混凝土结构的"三明治"开启了沉管隧道最终接头的新工法。

最终接头底板长 9.6 米，顶板长 12 米，总质量达 6120 吨，技术创新体现在许多方面：首次在国内采用"三明治"钢壳混凝土沉管结构；首次在国内成功应用"高流动性混凝土"新工法；世界范围内首次在沉管工程中采用新型止水带组合顶推系统临时止水；最终接头施工地位于外海开敞水域，受深槽"齿轮现象"和合龙口区"峡口效应"的双重影响，海流异常复杂，回淤量大，风、浪、流、天气条件恶劣；安装空间极为受限，巨大的最终接头要穿过预留的狭小空隙下放到 30 米深槽中，犹如在波涛中穿针引线；最终接头上临时止水结构的安全性更是合龙焊接的"生命线"，54 个千斤顶和小梁组成的"大活塞"将止水带顶出，最终使接头与沉管严丝合缝。

2017 年 3 月 7 日，还是珠海桂山牛头岛，这个全球最大规模的钢壳混凝土的最终接头开始浇筑了。整个最终接头重达 6000 多吨，共304 个隔舱，浇筑总方量约 1400 立方米，须分 5 次施工。此时的珠海，

温度只有 6℃，为了抢工期，大家将所有的工序共同推进，只许成功不许失败。

最终接头的这次浇筑采用的是高流动性混凝土工法，也是国内同业第一次采用此类工法。最终接头内部空间狭小，浇筑管路布置复杂，进料口狭小，施工极其不便。平时，一个标准的沉管管节 22.5 米，3400立方米钢筋混凝土的浇筑量，需要 30 多个小时就可以做完。但是，最终接头，1400 立方米钢筋混凝土的浇筑量，却让 232 名施工人员整整浇筑了 16 天。施工难度之大，结构之复杂，要求之高，风险之高，可想而知。

◁‖ 正在安装中的最终接头 ‖▷

完成最终接头的浇筑只是其中的一步，舾装也是最终接头能否成功预制的重要一步，而最终接头的舾装工作没有任何经验可以借鉴。面对工期紧、要求高、风险大、系统繁的特点，中国的技术人员和施工人员又一次地顶住压力，迎难而上，近 200 名工人和技术人员在四层楼高的脚手架上上上下下，进行着各个零部件的舾装，有安装防撞块的，有切割钢板的，有安装止水带的……经过建设者的共同努力，终于高标准地完成了最终接头的预制，就等最后"深情一吻"。

经过 4 年内 33 次的"深海之吻"，33 节沉管已经成功嵌入"海槽"中，只剩下位于 E29 与 E30 管节之间的这 12 米了。在 30 米深的海槽里与东西两端 E29、E30 沉管对接，考虑风力、海流、浮力等多种因素，对接误差只允许在 1.5 厘米以内，这意味着最终接头要在安装位置上方始终以 1.5 厘米的平面误差缓慢下沉，直到实现对接，这在世界建桥领域是史无前例的，难易程度相当于深海穿针。2017 年 5 月 2 日，全世界的目光都聚焦伶仃洋海域，港珠澳大桥岛隧工程的"最后一吻"准备上演，只要最终接头成功对接，岛隧工程就全线贯通了。可是万一连不上，那就会成为整座港珠澳大桥的"血栓"，后果严重性可想而知。

2 日凌晨 5 时 50 分，施工操作人员、配合人员加起来有上千人，经过全方位精心的准备，起重能力达 12 000 吨的"振华 30"的巨大主钩吊着 6000 多吨的最终接头缓缓地离开"振驳 28"运输船，上升、转动，完成一系列动作后，悬停在对接位置上空。在相继完成"脐带缆"连接、接头姿态调整、船上控制系统检查等动作后，最终接头在万众瞩目下缓缓入水。经过 16 个多小时的吊装沉放，最终在晚上 10 时 30 分左右，作业海域传来捷报。随着最终接头最后一段装置在海里对接完成，管内没有水，一滴水没漏，最终接头安装成功！这个消息是令人振奋的，这标志着港珠澳大桥整个沉管隧道顺利合龙了！可以向全世界宣布，中国成功了！

确认安装成功的消息后，国内外几十家媒体迫不及待地将这个消息传递到全世界的每个角落。然而，这最终接头真的安装得如此成功了？严丝合缝了？具体偏差是多少呢？

3 日凌晨，忙了一整天的人们回到驻地，都在等待测量人员的最终测量结果。3 小时过去了，电话还没有来，岛隧工程总工程师林鸣心里有一种不祥的预感，以往安装完成后，汇报电话一早就过来了。17 厘米，测量人员给的答复，滴水不漏，但是偏差有 17 厘米。所有的人睡意全无，包括大桥管理局的领导，都第一时间到最终接头内部查看具体情况。确实是滴水不漏，但是偏差 17 厘米确实大于 7 厘米的设计允许值。

◀‖ 正在安装中的港珠澳大桥海底隧道最终接头 ‖▶

岛隧工程项目管理方、施工方、设计方、建造方、技术服务方以及振华重工的保障人员在安装指挥船的会议室关于下一步有没有必要进行最终接头的精调工作展开了激烈的讨论。大部分人都认为不漏水，17 厘米的偏差并不涉及行车界限，而且精调的风险太大了。

精调，它意味着已经实现对接的最终接头，要移开重新对接一次：临时止水闭合腔注水增压，解除顶推系统压力，回收止水带，起吊最终接头，精确调整……这是对 5 月 2 日 16 小时的流程来一次反向操作。

现在全世界媒体都在铺天盖地地宣传中国的好消息，这时候如果再来一次，会不会被别人认为 5 月 2 日的是一次失败的对接。4 小时的激烈讨论，虽然大部分人都不同意或不赞成精调，但是为了 120 年的寿命，为了 4 年多的沉管施工不留遗憾，项目甲乙双方共同决定，再来一次"深海穿针"！

2017 年 5 月 4 日，晚上 8 时 43 分，经过近 40 小时的逆向操作连续施工，6000 多吨的最终接头精调工作结束。贯通测量后数据显示，东西偏差 0.8 毫米，南北向偏差 2.6 毫米，比精调之前的误差降低了 60 倍，是最终接头偏差验收标准的 1/28。安装成功后，荷兰隧道管理协会发来一封贺信，感叹中国采用的工艺将改变世界隧道建筑最终接头的施工工艺。6000 多吨的最终接头，误差只有毫米级，只能说，结果太惊人！

难怪连国外专家都连连称道，不吝赞美之词。

港珠澳大桥主体桥梁工程不简单 >>>

在港珠澳大桥桥梁段，机械化吊装被大面积推广，这些动辄数千吨的墩台、钢箱梁、组合梁吊装到设计的高度，并进行毫米级的精准对位，其震撼程度不亚于观看一部超长超震撼的"科幻大片"，而建设者就是这部大片的拍摄者、制作者。建设者们举重若轻，他们像搭积木一样，一件一件组装着"海上长龙"，用大国工法将冰冷坚硬的钢铁化成伶仃洋上最壮观的彩虹，搭建起连接港珠澳三地的海之路……

1. 建桥人交出一份合格的答卷

2018年2月6日，港珠澳大桥主体工程交工验收会议在珠海召开。香港路政署、澳门建设发展办公室、广东省交通运输厅及主体工程各参建单位等共43家单位150余名代表参加了会议。会议认为，港珠澳大桥主体工程质量保证体系完善，符合设计及技术规范要求，工序控制严格，工程质量可靠。根据验收办法的有关规定，具备通车运营条件，同意交付使用。

港珠澳大桥建设规模大、标准高、周期长、内容多，交工验收需要融合高速公路和水运工程两种验收程序，工作难度高。为保证项目按期顺利交工，港珠澳大桥管理局于2017年5月部署启动港珠澳大桥主体工程交工验收工作，梳理解决遗留问题，组织整理档案资料，组织荷载试验检测、配合质监部门做好交工检测，经过近9个月的努力，终于达成交工验收目标。

主体工程建设条件异常复杂，协调难度极大，环保要求极高。项目建设涉及台风、航道、水文、工程地质、航空限高、防洪等多方面要求，标准体系要综合考虑内地、香港、澳门三地体系的融合；需协调"一国两制"框架下三地的管理规则、通行费收费标准、车辆通行政策、口岸

◀◁‖ 全景——互相映照的桥与落日 ‖▷▶

接驳巴士及应急救援工作等与三地公共管理相关的事项，涉及粤港澳三个地方政府的合作以及与相关政府部门的配合；大桥跨越了珠江口中华白海豚国家级自然保护区、珠江口幼鱼幼虾保护区，需综合多种环保措施以降低对海洋环境的影响。港珠澳大桥填补了我国海洋环境下交通建设技术标准的空白，为中国桥梁建设下一步"出海""一带一路"基础设施建设奠定了一定的技术基础。

交工验收委员会对项目建设取得的成绩给予肯定。交工验收为多年的建设画上了圆满的句号，将大桥以伟岸的身姿定格在了伶仃洋上，成为连接粤港澳大湾区东西两岸的重要枢纽。2018 年，港珠澳大桥启航踏上营运维护管理的新征程，续写港珠澳大桥辉煌的新篇章。

2. 港珠澳大桥修成弯曲的考虑

港珠澳大桥为何看起来是弯弯曲曲的样子，而不是建成一条直线，两点间直线的距离最短啊？这么设计是有其原因的。

我们大家都知道，大桥连接的是港珠澳三地，不可能用一条直线把它们三点串起来。特别是珠江口有 30 多千米宽，每一段的水流方向都是不一样的。而从工程的角度来讲，是希望把桥墩的轴线方向和水流的流向方向大致平行，取平以后能尽量减少阻水率。大桥在设计的时候，珠江水利委员会综合水利专家的意见，提出了一个非常严苛的要求，就是几十千米的长桥，包括桥岛隧组成的这么一个集群工程，总阻水率必须低于10%。另外，把桥修得自然带弯曲，除了自然美观外，还有一个很重要的考虑：如果几十千米长的大桥都被修成了一条直线，开车的人很容易疲劳、犯困，因而也容易发生交通事故。

3. 钢箱梁——海上作业移到陆地

过去，中国建桥梁大多都是粗放的土木工程，在现场浇筑混凝土。这样的生产方式不能保证质量，而且还会将伶仃洋海域航道占了，把海水污染了。因此技术人员就想到将野外的施工放到室内来，高空的作业放到地上来，海上的工作放到陆地上来。为此，建桥专家使用钢箱梁来建设大桥的主体。

钢箱梁，顾名思义，是钢板箱形的梁。组合梁，是箱板为钢，板面为混凝土的梁。港珠澳大桥是全球范围内第一次大规模地使用钢箱梁，仅仅上部结构的用钢量就达到42.5万

◀‖ 钢箱梁大节段标准化生产 ‖▶

吨，其中钢箱梁制造段用钢量34万吨，组合梁制造段8.5万吨。42.5万吨的用钢量相当于建设10个鸟巢，或者建设60座埃菲尔铁塔。

在真正决定大规模使用钢箱梁之前，国内的钢箱梁几乎都是在40年前的厂房里面利用20年前的装备生产出来的，生产技术已经完全落后时代了。美国奥克兰海湾大桥4万吨的钢箱梁就加工了4年，而港珠澳大桥的42.5万吨钢箱梁要求在3年内生产完毕，使用寿命至少120年，这种要求可是非常高的。大桥管理者要求在钢箱梁制造中推行机械化、自主化、信息化的制造理念，所以，生产线必须创新。技术人员引进日

本最先进的电弧跟踪技术，自主研制了反变形船位焊接机器人，取代之前"半自动焊接跟踪小车＋人工控制焊接位置"的陈旧操作模式，以"崭新厂房、高端设备、先进技术、科学管理"的新格局开启港珠澳大桥钢箱梁制造的智能化新时代。从原材料进场到板单元成品产出，实现了机器人焊接，自动化控制的全过程自动化生产线，这已经是全球最好的钢箱梁生产线了。

港珠澳大桥桥梁主体工程所需钢箱梁的拼装基地，位于广东省中山市的马鞍岛。从河北秦皇岛、武汉武船和双柳基地等工厂车间生产出来的板单元，通过海上运输到马鞍岛后，在这里组合成组合梁、

◀‖ 位于中山市的中铁山桥钢箱梁拼装基地 ‖▶

钢箱梁节段或钢塔，随后运往港珠澳大桥相应部位吊装。但是，一开始的马鞍岛还是刚刚整理好的 66.7 公顷荒地，除了不缺台风和荒凉，啥都缺。在如此恶劣的环境下，中国建设者克服工作和生活上的各种困难，半年内完成十几万平方米的厂房和胎架，其中土建施工 300 余个基坑承台，

◀‖ 港珠澳大桥主体的钢箱梁吊装现场 ‖▶

房架钢结构有 8000 余吨，制造安装起重机数十台。

基地共设置了板单元卸载作业区、板单元存放区、钢箱梁节段拼装厂房、钢塔节段拼装厂房、打砂涂装厂

◁‖ 钢箱梁吊装——合龙段钢箱梁起吊中 ‖▷

房、大节段拼装厂房等。高标准和短工期是一对矛盾。在马鞍岛基地，在中国建设者昼夜不停地拼搏中，虽然他们承受着巨大的压力，但最终还是漂亮地完成了这项之前被认定不可能完成的任务，并且技术上更尖端，节奏上更紧凑了。拼装第一个钢箱梁大节段用了一个多月，技术人员分析特点、优化工艺方法后，大节段的拼装只用了 12 天，提速近 2 倍，成绩显著。

4. 特殊的桥墩与墩台

整个港珠澳大桥的主体桥梁所需桥墩共 190 座，而且桥墩类型很多，共分为 9 大类。墩台分 9 大类 40 种型号，单件最重达 3510 吨，单件最高达 26.95 米，有 9 层楼那么高。

桥墩预制场在广东省东莞市和中山市。2013 年年初，随着环氧钢筋绑扎开始，港珠澳大桥"第一墩"开始预制工作。按照预制工艺要求，有 28 座桥墩分三段浇筑，分段预制，必须连续施工，以最短的时间完成全部混凝土浇筑。单件墩台预制的体积看似变小了，但是分段之后还是需要再合上的。说起来简单做起来难，这一分一合看似简单，其实有"高精度、高难度、高风险"的考验，连混凝土方面的老师傅都直摇头。分段式桥墩预应力粗钢筋最少的有 36 根，最多的有 64 根，每根的精度

都要控制在几毫米。工序多，精度就不好控制，每一个细节都必须到位。为了确实能够控制好精度，技术人员自主研发了大直径成套定位和预制构件模具两项技术，使得定位精度大幅提升。

为了保证桥墩小于 H/3000 的垂直度控制标准要求，预制平台的平整度差别必须控

◀‖ 首件墩台预制开工 ‖▶

制在 2 毫米之内。预制平台的大小是 20 米 × 20 米，将 400 平方米范围做成高差不超过 2 毫米的平面，"玻璃面"都无法做到。而就是这些看似无法做到的高精度最后都实现了，能实现还是因为国内技术人员真正做到了从细节入手，以工艺品的标准来控制每道工序、每个环节。

为了使港珠澳大桥的阻水率低于 10%，大桥主体桥梁部分的 190 个桥梁承台将全部埋入数十米的海床下，因而要过的第一关就是打桩基。

◀‖ 首件墩台成功出运 ‖▶

由于伶仃洋海域情况复杂，各种孤石、探头石、斜坡岩遍布海底，钻孔施工面临的困难很大。有的海域孤石分布面积广、厚度大、层数多、强

度高，施工难度非常大。有时一根桩都能花费一个半月才打下去，可想全部736根桩需要多少时间了。就这么难啃的硬骨头，最终也被港珠澳大桥建设者们硬生生地啃下来了。

5. 别具特色的航道桥

港珠澳大桥作为世界上最宏大的跨海大桥，还是一座有"颜值"的"生态"桥。它有三座通航斜拉桥——"中国结""海豚""风帆"，各具特色。离香港最近的是"青州桥"，对应着两个"中国结"，168米高，高大雄伟；靠近珠海的是"九洲桥"，桥塔是两个"风帆"的形象；中间的是"江海桥"，桥塔是三只"海豚"，每只"海豚"自重2600吨。三座桥、七座桥塔兼顾了人文与自然的融合，"风帆塔"寓意"扬帆远航"；"海豚塔"寓意"人与自然和谐发展"；"中国结"寓意"三地同心"。从九洲港出发，沿线港珠澳大桥有7座不同造型的标志性桥塔已经全部就位，青州航道桥"中国结"熠熠生辉，江海直达船航道桥"海豚"栩栩如生，九洲航道桥"风帆"扬帆矗立……为不影响白海豚的生长环境，施工前就对白海豚做了大量的研究和观测，施工过程中严格落实制定一系列保护措施。立于大桥上，可见白海豚水中跃起，大桥通车后白海豚的数量不减反增。

九洲航道桥上的"风帆"塔现在是珠海情侣路上的新风景，但是当时它的吊装是远远没有看着的那么飘逸。就受邻近澳门国

◀‖ 桥塔施工——风帆塔上船出运 ‖▶

◀‖建设中的港珠澳大桥风帆桥塔‖▶

际机场航空限高 120 米的要求，塔柱高度为 120 米，相当于 40 层高楼，单塔高就已经达到限高线了，如果吊装时使用常规吊装工具——塔式起重机，加上设备高度肯定远远超过 120 米。

面对 68 米高、1168 吨重的"风帆"，必须另辟蹊径才能将它稳稳地"扬"起来。技术人员创新了国内桥梁建设中未曾用过的"竖转提升"技术，使"风帆"在横向滑移的同时进行一个竖向提升的过程。为确保两个动作的同步性，必须将千斤顶的布置精度控制在 5 毫米以内。又是一个毫米级的精度！这个毫米级的控制是通过自主研发的液压同步控制系统和倾斜仪监控系统进行控制，实时了解横向、竖向的偏差，对相应的偏差进行负反馈矫正，从而确保偏差越来越小，横向、竖向的同步性越来越好，最终将偏差严控在精度要求之内。

2015 年 2 月 2 日，开始了第一个"风帆"塔的竖转提升。区别于直塔，"风帆"的曲臂是一个不规则造型，两者相接后形成一个超大的不规则形体，风帆塔的重心偏离视觉上的中心部位，增加了提升的难度。因此，上塔柱的"竖转提升"过程中要求提拉钢绞线必须非常精准，每一根的施工角度都有规定，偏差不能超过 1°，否则会造成提升过程的晃动、倾斜，严重的甚至倒翻。

虽然针对异形"风帆"的吊装做了比较完备的预案与应急预案，但是在实施吊装过程中还是发生了很多意想不到的意外，

◀‖ 桥塔施工——第二座"海豚塔"吊装成功 ‖▶

好在技术人员和建设者共同努力，通过各种应急预案成功处置发生的各种问题。"风帆"的竖转提升一直从早上 8 时持续到晚上 11 时，整整 15 个小时，第一个风帆塔终于竖转到位，"风帆"真正地扬起来了。有了第一次的艰难探索，第二座风帆塔就相对简单了。5 月 11 日，第二座风帆塔竖转提升到位，只用了 9 个小时，整整缩短了 6 个小时。

两座风帆塔成功实施整体竖转提升安装技术，是中国技术人员在世界桥梁史上书写的新篇章，填补了国内安装上塔柱领域应用竖转提升技术的空白。

伶仃洋是白海豚的家园，白海豚是伶仃洋海域的"精灵"。港珠澳大桥江海直达船航道桥三个桥塔的造型，是三只"海豚"。栩栩如生的海豚塔给港珠澳大桥这座"长龙"增添了更多的灵动。海豚钢塔高 105 米，是正常白海豚体长的 40 倍，相当于 35 层高楼，重达 2600 多吨，是正常白海豚体重的 1 万倍，加上吊具，总质量已达 3000 吨，相当于 10 架空客 A380 的质量。

"海豚"钢塔由 12 节主塔、12 节副塔、7 节联系杆、14 节装饰塔、2 节三角撑组成，吊装时需要高精密度。"海豚"塔吊装有很大的难度，

正在吊装中的港珠澳大桥海豚桥塔 ▶

光起运前翻个身（180°）就耗了工程技术人员整整3个昼夜，具体有"四难"：一难是国内从没有吊装过如此超大型钢塔；二难是钢塔与吊具之间匹配精度要求高，吊具结构复杂；三难是整个吊装过程涉及船舶众多，组织协同要求高；四难是天气、海况变化因素大，造成施工风险大。

如何实现吊装构件不晃动？项目部最先提出的是滑移方案，即在一个大型驳船平台上直接用单个浮吊设备将"海豚"竖转吊起。经过多方认证，这个方案因风险大而被否了，最终在2014年10月重新确定为采用抬吊方案。

2015年8月23日凌晨4时，"海豚"塔从中山火炬开发区预制厂码头装船出发，行驶约30海里后，抵达港珠澳大桥施工区域。经过10个多小时的努力，在两艘施工船的建设者共同努力下，第一个"海豚"塔终于翻转90°，再平移到桥墩基座上，完成安装。熟能生巧，2016年6月2日，最后一个"海豚"塔的吊装只用了不到8小时就完成了。

青州航道桥是港珠澳大桥跨径距离最大、单体规模最大、桥面索塔最高的通航孔桥。双塔之间的距离为458米，主塔高达163米。

中国人对"中国结"并不陌生，但是大桥上"绣"个大大的"中国

||建设中的港珠澳大桥海豚桥塔||

结"还是第一次。中国结镶嵌在 163 米索塔的上方，是港珠澳大桥桥塔皇冠上的珍珠。"中国结"一共两对，总高 50.3 米，总宽 28.09 米，相当于半个足球场大，使用钢材铸造，总重 780 吨。"中国结"从设计、加工、运输到吊装、精确定位、焊接，总共走过了 6 年历程。原先设计是吊装后用螺栓连接，经过反复推演，高空中根本不可能完成超高精度的螺栓连接，所以必须创新施工方案。最后经过反复演练，决定采用高空焊接的方法进行施工。

结形撑安装到位后，2016 年 5 月

||桥塔为海豚造型的江海桥||

3日，真正考验工程技术人员智慧的时候到了。这一天，港珠澳大桥迎来了里程碑式的一刻，第一高塔青州航道桥56#索塔"中国结"吊装。这是一个重达780多吨全钢结构的庞然大物，最大难度是将混凝土的塔柱与钢结构的结形撑匹配拼接。160米高的海上吊装，安装高度偏差控制在2毫米，倾斜度允许偏差仅为四千分之一，这种精度要求让施工风险极高。有了之前的吊装实践，在中国建设者的群策群力下，第一个"中国结"安装一步到位。14日，另一个"中国结"——57#索塔上横梁"中国结"也成功吊装。焊接完毕，港珠澳大桥第一高塔上，一对"中国结"已然成为最耀眼的"明星"。

宽阔的海面上，一对"中国结"

◀‖青州航道桥顺利合龙 ‖▶

◀‖青州航道桥桥塔"中国结" ‖▶

中间的橡胶技术，被誉为桥梁支座的"心脏"。橡胶的阻尼越大，消耗能量的能力越强，一般可降低地震烈度 0.5 度 ~ 2 度。高阻尼橡胶隔震支座在试验中可吸收、消耗 40% 以上的振动能量。

◄▌ 有自复位功能的减隔震支座 ▐►

中国企业采用独特的橡胶配方工艺和检测技术，自主研制的全世界最大尺寸（长 1.77 米，宽 1.77 米）的高阻尼橡胶隔震支座，为大桥 120 年使用寿命内抵抗 16 级台风、8 级地震、海啸及 30 万吨巨轮撞击。该支座承载力大约为 3000 吨，不但能提供稳定可靠的承载力，还能吸收地震能量，大大降低了地震对大桥的破坏力，为大桥安装了一枚"定海神针"。

◄▌ 安装在桥墩与桥面中间的减隔震支座 ▐►

7. 可以为大桥量身定做的超大型路面铺装机

港珠澳大桥隧道路面宽度为 12.5 米，但隧道入口处宽度却为 15.5 米，而桥梁和人工岛连接处更是达到了 19.5 米。这样不同规格的路面铺装，如果使用传统的摊铺方法要用两台摊铺机同时作业。这样不仅均匀度会有所下降，而且双机并行铺装时所产生的接缝将会是未来耐久性的重要隐患。为了解决这一难题，陕西中大机械集团为港珠澳大桥量身定做了宽窄可以自由调节的超大型路面铺装机。

"港珠澳大桥号"Power DT2000 摊铺机是国内某企业专门为此次港珠澳大桥海底隧道路面铺装量身定做设计生产的摊铺机，其大功率摊

◁‖ Power DT2000 摊铺机在港珠澳大桥海底沉管隧道开始路面铺装作业 ‖▷

铺、"自由伸缩"的特点可将沥青铺装效率较传统工艺提高三四倍，同时更加有效地保证桥面摊铺均匀度。该企业某高管说："我们的机子，是一个机子摊铺，整幅摊铺过去的，没有接缝，就不存在并机接缝的缺陷问题，也就是说一个机子代替两个机子，甚至三个机子摊铺。我们这项专利技术目前在世界上是独一无二的。"

8. 桥面铺装遇到国内未解难题

港珠澳大桥主体工程包括 22.9 千米的桥梁，桥面铺装规模达 70 万平方米，其中 50 万平方米为钢桥面，是世界上规模最大的单体钢桥面铺装工程。在大桥主体安装中，钢箱梁桥面铺装代表桥梁建设"面子"工程，它提供车辆行驶的舒适安全。50 万平方米的钢桥面，如果采用人工碎石，6 年的时间也不一定能供得上。此前，钢桥面铺装难题在国内尚未得到彻底解决，以往的很多失败案例让许多业内行家包括交通部领导对港珠澳大桥项目感到担忧。

桥面铺装需要追随钢箱梁进行协同变形，同时还要抵抗由于车轮载荷碾压产生的局部变形，这两个需求是一对矛盾体，也是中国钢桥面铺装面临的技术瓶颈。另外，为匹配"超级工程"的 120 年寿命，港珠澳三地政府给出的港珠澳大桥钢桥面铺装使用寿命为 15 年，是目前国内钢桥面铺装寿命的 3 倍。

2010 年，针对钢桥面铺装工程技术的复杂性，国内技术人员开始了艰难的突破，发现要解决钢桥面铺装问题，首先得提高防腐、除锈和防水层施工的质量。经过两年系统综合的比选论证，完成了对钢桥面铺装方案的预研。2012 年年初，国内多家研究机构联合成立专家组进行钢桥面铺装方案的研究工作，技术人员用了 4 年时间平行开展了 MA、GMA 及 GA 三种技术方案的研究，组织了数百种室内模拟铺装，以及室外高温稳定性及低温疲劳试验，获得了上千组上万个测试数据，最终完成了以上三种技术方案的优选工作。

不采用价格高昂的进口环氧沥青材料桥面铺装技术，而是选择英国浇注式沥青铺装方案，但该方案施工效率低，按照此方案，需要 5 年左右的时间才能完成铺装工程。接着又创造性地提出 GMA 施工方案，将施工效率提高 10 倍，能够半年内完成工程，并建成世界上首个截断足尺模型。经过不停地思考、调研、论证、试验、方案优选、总结、创新，最终确定了新的铺装方案和质量管理理念。

2013 年 12 月，专家组根据研究结果，最终提出了采用 4 厘米厚 SMA+3 厘米厚浇筑式沥青混凝土组合铺装结构体系的钢桥面铺装设计方案。其中，在国内首次提出的 GMA 浇筑式沥青新技术，集合了 MA 技术和 GA 技术的优点，既具有高温稳定性和低温疲劳性能，还大幅提高了功效。组织了 3 次大规模国内外专项调研和考察，对日本钢桥面（GA 方案）发展、设计情况及机械化施工发展趋势等热点问题，以及欧洲浇筑式技术起源、

◀‖ 正在摊铺和碾压工序的港珠澳大桥 ‖▶

应用发展情况、生产工艺和设备等进行了深入了解。

港珠澳大桥对钢桥面铺装的设备、材料和环境等方面都提出了详细的标准和要求：大桥管理局"以认证保材料，以考核保人员，以设备保工艺，以工艺保质量"，对材料、设备、工艺、环境等方面都提出了更高的要求。在中山市建立了世界一流的集料工厂，集料分级达到微米级（75μm）；积极引进新型车载式自动抛丸机、沥青拌合站、浇筑式沥青混合料保

◀▏压路机正在完成最后一道碾压工序 ▏▶

温搅拌器、浇筑式沥青摊铺机和预拌碎石撒布机，自主研发了防水层施工自动喷涂设备及大型风雨棚、边带摊铺机等设备。攻坚不停，克难不止，创新了适合高标准要求的施工工艺，减少了伶仃洋上不利天气带来的施工影响。

港珠澳大桥钢桥面铺装采用的浇筑式与GMA复合结构，在国际上属于较为新颖的结构形式。新结构、高标准、新工艺，使技术人员面临很多挑战，最重要的是先解决混凝土的配比问题。为了早日攻克混凝土配比方案，在2015年年底至2016年10月，进行了三个阶段的优化试验，每个阶段持续2个多月，经过20多项千余次的试验，光实验材料就消耗了百余吨，最终优选了最佳的混凝土配比方案。

港珠澳大桥钢桥面铺装采用全新铺装体系，该体系在满足钢箱梁桥面铺装复杂受力条件的同时，接近零空隙的浇筑式沥青也可以更好地保

◀‖ 正在桥面铺装的港珠澳大桥 ‖▶

护桥梁主体结构。桥面铺装上光防水就需要做四层，最底下是除锈，中间是涂底漆，再是两层防水膜，最后是黏结层，做每一层不仅要保证材料质量，还需要铺装厚度。

9. 不同凡响的大桥护栏

美国的切萨皮克湾大桥于1964年建成通车，包含20.11千米混凝土低位高架桥、两条长度分别为1.6千米的海底隧道、4个长度为457米的人工岛、3.2千米堤道和8.85千米引桥，全长37千米，是当时世界最长的桥梁隧道综合体。但是，切萨皮克湾大桥自通车以来，给来往的司机造成

◀‖ 工人正在对港珠澳大桥桥梁护栏进行最后完善 ‖▶

了很大的麻烦。

港珠澳大桥的护栏为 1.5 米高，以往国内大桥护栏都是 1.2 米，虽然港珠澳大桥的护栏高度提高了 0.3 米，但是并不是简简单单地高度提高而已，难度提升不少。为了解决大桥护栏的刚度、受力、连接、横梁的造型等一连串不仅和桥梁美观有关系，而且和驾驶安全密切相关的问题，技术人员开始频繁地做实验。用大货车对护栏的样品进行反复的冲撞，不停地重新设计，然后接着做冲撞验证，冲撞结果不满意则重新设计制造样品。直到大货车冲撞护栏，护栏不倒，车子也不倒为止，这样实验结果才是合格的护栏样品。这样的护栏才不会像美国切萨皮克湾大桥一样，成为让驾驶员心惊胆战的大桥。

10. 五彩缤纷的大桥照明灯

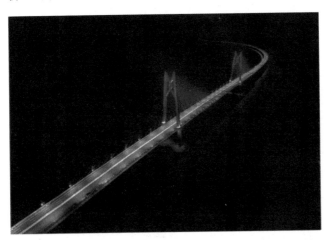

◀‖ 港珠澳大桥青州航道桥桥塔夜景 ‖▶

港珠澳大桥全线夜景照明分为功能性照明和装饰性照明两部分。作为主景观区的三座通航孔桥共有七座桥塔，每座塔的四周均设置数十套变色 LED 投光灯，采用窄光束投光将主塔的立面打亮，既凸显塔身巍然挺拔的力度，又不失柔美多变的身姿。斜拉索夜景照明则采用窄光束变色 LED 投光灯，对每根拉索进行追踪照明，不仅勾勒出外形线条，还展示出拉索紧绷的力度美和宛若琴弦的韵律感。港珠澳大桥夜景灯光采用日常和假期双模式，日常模式以白色为主色调呈现大桥本色；节假日则通过变色 LED 灯实现五彩缤纷的变色效果。

11. 填海面积最大的珠澳口岸人工岛

港珠澳大桥珠澳口岸人工岛位于珠海市拱北湾南侧近岸海域，是港珠澳大桥主体工程与珠海、澳门两地的衔接中心。在最初的工程设计里，珠海和澳门的口岸是分置在两个人工岛上，但出于节约成本和保护环境考虑，2008年决定合建一个珠澳口岸人工岛。

珠澳口岸人工岛东西宽930~960米、南北长1930米，工程填海造地总面积近220万平方

◀‖港珠澳大桥新年前夜点亮伶仃洋‖▶

◀‖港珠澳大桥新年前夜点亮伶仃洋‖▶

◀‖港珠澳大桥灯光璀璨‖▶

米，该岛于 2009 年 12 月 15 日开始建设，总花费约 20 亿元。人工岛北边界距拱北口岸约 2.5 千米。珠澳口岸人工岛按其使用功能可基本划为大桥管理区、珠海口岸和澳门口岸三个区域，其中珠海口岸用地面积 101 公顷，澳门口岸用地面积 70 多公顷。根据海水潮位资料，确定人工岛地面标高为 5 米，能防御珠江口 300 年一遇的洪潮。

◀‖港珠澳大桥珠澳口岸人工岛‖▶

珠澳口岸人工岛是港珠澳大桥项目最早开工的工程项目，也是港珠澳大桥项目中填海面积最大的人工岛工程。随着港珠澳大桥挖起第一斗泥后，首先进行的就是珠澳口岸人工岛围堰基槽和蓄砂坑的开挖。港珠澳大桥珠澳口岸人工岛填海工程包括几大部分，即人工岛护岸、陆域形成、地基处理及海巡交通船码头等，工程填海面积 208.87 万平方米，护岸长 6079.344 米。填海工程包括三大工序，先是制造围堤，沿着人工岛外围在海里挖出一条沟渠，再向其中抛石形成护岸，接着是向围出的区域填砂，最后是人工岛下十几米淤泥的软基处理。

澳门口岸东停车场（入境）小汽车位 3759 个，其中无障碍车位 40 个，汽车充电位 9 个；西停车场（出境）小汽车位 3105 个，电单车位 2054 个，其中无障碍车位 36 个，充电车位 5 个；珠海口岸地下一层预留轨道、社会小车停车库，其中社会车辆停车位 1361 个，含 32 个无障碍车位。

人工岛将成为集交通、管理、服务、救援和观光功能为一体的综合运营中心，并设置观景平台供游客观景览胜。在建设过程中，建设者们严格管理，科学施工，先后攻破环保要求高、资源供应保障难度大、台风频繁来袭、材料价格上涨、海上施工条件恶劣等难关，树必胜信念、集优势资源、强施工管控、重工程质量、抢施工进度、保安全生产，以一流的技术、一流的装备、一流的精神，实现了工程的高效优质完工。经过建设者 4 年多日夜辛勤的付出，港珠澳大桥珠澳口岸人工岛填海工程于 2013 年 11 月 28 日顺利竣工并通过验收，交付使用。

12. 非浚挖式香港口岸人工岛

香港口岸人工岛填海工程启动于 2011 年 12 月 14 日。珠澳口岸人工岛采用的是浚挖式填岛，而香港口岸人工岛则采用的是新技术"非浚挖式"填岛，这种新方法包括以格形钢板桩建造防波堤和在淤泥上建碎石桩，再抛石筑堤。

非浚挖式与传统的先建造海堤，然后挖走海堤下的淤泥并填回沙料的浚挖式相比，不仅减少约 97% 的挖泥量，还能更有效地避免大面积海域污染和保护环境。香港口岸人工岛由于环保要求及香港国际机场限高要求十分严格，在施工过程中必须不断创新施工装备，创新工艺工法，才能解决施工难题。

香港口岸位于大屿山赤鱲角机场东南面，设计面积为 150 公顷，有道路连接机场和大屿山，由人工填海而成。旅检大楼置于人工岛上，包括约 200 条旅客通关、44 个私家车检查亭和 12 个旅游穿梭巴士检查亭。香港口岸工程建筑平面总体尺寸为 310 米 ×192 米，屋顶波距 56 米，波峰标高 36.8 米，波谷标高 30.1 米，地面标高 6 米，永久钢结构 1.2 万余吨，屋面建筑结构水暖电装修等总重达 2.5 万吨。

香港口岸人工岛明确不能用大型吊装设备，这样就很难把那些大型钢构件举到 50 米以上的高空。最后经过反复探讨论证，只能采用模块

◀‖ 港珠澳大桥香港口岸人工岛施工现场 ‖▶

化拼装方法，在广东中山市将口岸屋面系统、水暖、机电等结构在陆地上拼装完毕后，经水路运到香港施工现场用螺栓安装。大模块长 60 米，宽 26 米，高 18 米，最大重达 600 多吨，加上其他辅助机构重达 800 多吨，投影面积近 1600 平方米，大于一个标准游泳池的面积。将这么大一个模块弄上船不是一件易事，中国建设者群策群力地利用平潮的特殊海况将大模块弄上了船，转运成功。2017 年 6 月，香港口岸的标志性建筑——旅检大楼预制组件全部安装完成。

13. 拱北隧道——世界最大断面隧道

港珠澳大桥珠海连接线的核心控制性工程——拱北隧道，它是世界上最大断面的公路隧道。采用双向六车道设计，全长 2741 米，由海域人工岛明挖段、口岸暗挖段以及陆域明挖段三种不同结构的隧道连接而成。其中，拱北隧道暗挖段采用双层公路隧道设计，隧道开挖断面高 21 米、宽 19 米，面积约为 336 平方米，是同类型公路隧道的 3 倍多。短短的 255 米隧道，平时两三分钟就能走完它，而建设者却花了 4 亿多元人民币，耗时 5 年才完成，单位造价 160 万元每米，真的是造价不菲。

珠澳拱北口岸，是中国第一大陆路口岸，每天都有 30 万～40 万旅客出入境和近万辆交通工具通关。在它垂直正下方，长 255 米的隧道，挖了 5 年，这真是慢工出细活啊！当初选择珠澳口岸这个通道的确也是不得已而为之。工程建设如何避免对珠海和澳门造成影响，让技术人员大伤脑筋。珠海连接段如果直接从地面进入拱北，如此繁华的拱北商业圈拆迁工作所要耗费的人力、物力、财力就不得了。经过调研发现，唯一的选项是珠澳之间有一片边防管理"缓冲区"。这片缓冲区宽约 30 米，是珠澳口岸联检楼之间的过境通道。从这里地下过，对澳门和珠海市政、交通的影响最小。但是必须确保施工期间绝不能触碰口岸建筑物下方的桩基，绝不允许让土质松软的地表沉降塌陷。

承建方面临着四个不同的施工方案，包括双层的明挖和暗挖，单层的明挖和暗挖。如果是明挖，那拱北口岸就需要封闭，工期远远不止一两个月，起码以年计算，拱北这个最大陆路口岸的封闭对珠海、澳门的影响是非常严重的。但是暗挖的话就碰到截桩的问题，就是要把地面建筑物打到地下的桩截断以建设隧道。如果采用单层暗挖，那整个隧道需要截断 250 个桩，对地表建筑物的影响肯定是很大的。如采用上下叠层的方案，然后设计成曲线，可以成功避开拱北口岸的桩基，对地面行人和行车的影响相对较小。最终珠海连接线穿越拱北口岸采用了技术难度大、对口岸影响最小的双层双洞暗挖隧道的方案。就是按照"先分离并行，再上下重叠，最后又分离并行"的形式设计，隧道形成了高 21 米、跨度 19 米、约 336 平方米的超大断面，这是世界上最大断面的公路隧道。

这样施工对口岸影响是最小了，但是施工难度却是非常大。为了攻克拱北隧道这个世界性难题，项目建设、设计、监理和科研院所反复磋商研究，仅调查研究和方案选择，前后就已花了 3 年时间。最终施工方决定采用国内首创、全球罕见的"曲线管幕 + 冻结法"的方案进行施工。"曲线管幕 + 冻结法"就是沿着隧道的开挖轮廓线，在 336 平方米的断面上，用 36 根长 255 米、直径 1.62 米的钢管从地下穿过，组成环形"管幕"支护体系，以防止周围土层坍塌、地表沉降，然后再用冻结法把管幕周围的土层温度降至 0℃以下，再在众多钢管形成的环洞中开挖隧道。

当时国内最长的管幕是在北京机场，232 米、直线的；而拱北口岸隧道长度 255 米是曲线管幕，是为了避开两侧密密麻麻的桩基。拱北口岸的曲线管幕在全球范围内都是第一的，曲线分为 88 米的缓和曲线与 167 米的圆形曲线。255 米长的顶管轨迹必须精确控制在 5 厘米范围内，否则就算顶进去了也出不来。

2015 年 5 月 28 日，重达 1 万多吨的顶管机从深 32 米的工作井内缓缓吊出，36 根顶管以曲线形式全部成功下穿拱北口岸，创造了单根顶管日进 36 米、最短施工周期 9 天、最小施工误差 5 毫米的曲线管幕施工最高纪录。36 根顶管穿越历时 2 年，中国技术人员终于攻克了拱北口岸隧道超长、超大曲线管幕施工中面临的精确控制、地表沉降和管幕障碍物处理等一系列世界级难题，创造了"零误差"的曲线管幕施工纪录。

拱北口岸紧邻伶仃洋，水位非常高。地下 1 米多就有地下水，并与拱北湾的海水连通，无论如何抽取地下水，海水都可以源源不断地倒灌进来，工作井深度达 32 米，地下水倒灌压力很大。透水问题在深井施工中非常危险。管幕群虽然可以将外侧土体抗住，以保证挖掘时的安全，但是地下水还是可以从顶管之间 35 厘米的间隙中源源不断渗透进来。技术人员就想到用制冷技术将松软土层冻成无水冻土，在冻结壁的保护下，进行管幕内隧道的挖掘。

冻土技术对温度的控制十分重要，拱北隧道冻土的厚度控制在 2 ～ 2.5 米之内。冻得不够，渗透水压大，冻土层被击穿，地面下沉；冻得太大，冰体积膨胀导致地面鼓起，影响地面建筑物的安全。所以在冻土过程中，通过足够的冷冻机组和万余个温度传感器，严密监视着冻土层的厚度，随时通过各种措施调整冻结参数。

可以说，"曲线管幕＋冻结法"是国内技术人员在艰苦复杂条件下被逼出来的工程施工方案。2016 年 12 月 28 日，世界上最长、断面最大、国内地质最复杂、管幕根数最多的曲线管幕隧道——港珠澳大桥珠海连接线拱北隧道贯通了。历时 5 年建设，这条超级隧道难度、技术含量、施工规模刷新了数项世界纪录，被誉为"地下神九"。

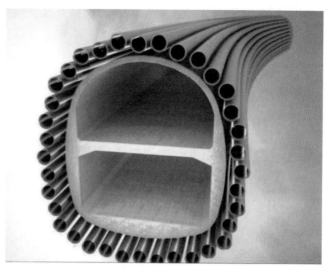

◁‖ 通车后的拱北隧道为上下双层公路隧道，周围由 36 根顶管支撑起隧道结构效果图 ‖▷

14. "命运多舛"的香港连接线

港珠澳大桥香港连接线全长 12 千米，但隧道、人工岛、跨海高架等急险项目一个都不少。在其他段都在铆足了劲，加足马力建设大桥的时候，香港段却被香港一位 66 岁的朱姓老太太给活生生"耽误"了工期。

2010 年 1 月，朱女士请来律师，将特区政府告上香港高院，朱女士认为，港珠澳大桥的环评中没有包括臭氧、二氧化硫及悬浮微粒的影响，因而不合法。这就是轰动香港的"港珠澳大桥环评司法复核案"。4 月 18 日，香港高院裁定：香港环保署 2009 年完成的港珠澳大桥香港段环保报告无效。为此，特区政府提起上诉。9 月 27 日，高等法院三位法官一致裁定，环评报告已经全面分析工程的环境影响，环评报告没有问题，环保署长也没有任何渎职，没必要再做环评。虽然为政府平反了，但是时间已经断断续续过去了一年多了，大桥内地段也已经开工将近一年。

大桥香港段耽搁一年，受人工和物料上涨，政府要弥补承建方损失，造价由 304 亿涨到 358 亿港币，上涨了 54 亿港币。54 亿港币，如果是香港政府给每个香港市民派发红利，每位市民可以领到 1300 港币。2011 年 12 月 14 日，港珠澳大桥香港段工程停工一年多后重新启动。但是"环评司法复核案"刚沉寂下来，却又进入"拉布"泥潭，致使申请追加拨款迟迟不能到位。

问题解决了，难度一点都没变小。港珠澳大桥香港段的工程海上操作难度大，风险高，2014 年 7 月至 2016 年 4 月期间，香港段施工期间发生了数起工人"伤亡"事件。但香港段的工程，并没有因为遇到种种困难而停止；相反，他们排除困难，加快前进的脚步，争取赶上"大部队"。

香港段虽然只有 12 千米，但是桥梁不仅结构复杂，而且大跨度还多，其中超过 100 米的跨度就有 22 个之多，跨度最大的达 180 米。其他的还有 670 吨一块的钢构口岸屋顶、观景山隧道采用的 5000 吨关节顶推技术。这些都突破了香港桥梁施工的历史纪录。

◀◀◀ 从香港大屿山远眺港珠澳大桥 ▶▶▶

香港段最艰巨和最具有挑战性的，当属观景山隧道的建设了。观景山隧道由 2 条长约 1 千米的管道并排组成，走线穿越观景山、机场路及机场快线之下，再通过新填海区域连接地面道路。观景山隧道由于受到地质和环境的限制，需要采用 4 种不同的建造方法：穿越山体段用钻爆方式，机场路段用暗挖方式，填海区域用明挖方式，机场快线段用箱涵顶进方式。

在繁忙的香港国际机场跑道边上开建如此大的工程，机场高度限制对工程建设施工和结构的影响是非常大的。部分高架桥段施工只能在机场跑道晚上关闭时通宵进行，许多工段也只能大量使用预制件，包括预制桥墩等。

2017 年 3 月，香港段 9.4 千米长的高架桥梁接通了。

2017 年 5 月 16 日，最后一组自重 5000 吨、长 14.5 米、宽 23.5 米、高 14 米的预制件被液压千斤顶推进机场快线下方的隧道最终位置。

2017 年 5 月 18 日，香港特别行政区政府路政署发表声明，全长 12 千米的香港连接线圆满完成。

2018 年 1 月 20 日，香港特区政府路政署发表通告：港珠澳大桥香港连接线的路面铺装和道路设施已经全部完工。至此，12 千米的香港连接线已经同港珠澳大桥主体工程的桥梁紧紧相连……

15. "三地三检"通关模式

港珠澳大桥，这座在一个时空中跨越"一国两制"三地的超级工程，将打开粤港澳大湾区无限的发展空间。从港珠澳大桥到粤港澳大湾区，实际上是从超级工程到世界级湾区的飞跃。港珠澳大桥作为粤港澳大湾区的"试验田"，为粤港澳大湾区的建设提供了借鉴。

港珠澳大桥采取的是"三地三检"通关模式，实行 24 小时通关。三地口岸由三地政府各自负责设立和管理，均位于各自属地内。其中珠海、澳门之间采取"合作查验、一次放行"的创新模式。所谓"合作查验，一次放行"，就是取消了两地口岸之间的缓冲区，直接把两个口岸连在一起，旅客只需要排一次队就可完成出入境手续。

珠澳口岸人工岛是港珠澳大桥主体工程与珠海澳门两地的衔接中心，两地过关口岸都设置在岛上，实现"城市中转"。要注意的是，无论是私家车还是客车，都只允许司机一个人驾驶车辆进行车辆通关，而旅客需要下车前往"出入境"随车人员验放厅进行通关。

16. 不是什么车都能够上桥通行

老百姓格外关注内地私家车能否上桥的问题。目前，可以上桥的车辆主要为粤港两地车牌车辆、港澳两地车牌车辆、港籍单牌车辆（拥有澳门配额）、办理一次性配额申请的车辆，以及粤港澳三地政府商议可经港珠澳大桥的其他车辆。但是，这部分的车辆数量并不多，目前，港珠澳大桥可通行车辆包括：跨境巴士、穿梭巴士、跨境出租车、货运车辆、跨境私家车等。

关于一次性配额申请的车辆，是指非两地车牌车辆，可以通过办理私家车一次性配额申请，凭私家车一次性配额许可证和批准信，以及一次性临时来往粤港小汽车及驾驶人出入境批准通知书、临时入境机动车号牌、行驶证等向营办商领取临时电子不停车收费通行卡。未来，三地政府将视情况在车辆配额上逐步放宽，促使往来内地和港澳地区的三地居民选择港珠澳大桥这一新线路。

17. 人民币是港珠澳大桥的通行证

无论是内地粤通卡还是香港快易通等电子标签车辆驶入 ETC 自动收费车道，"嘀"一声，车道栏杆自动升起，粤港澳三地不停车收费系统实现互联互通；另一边人工收费通道，司机掏出信用卡靠近设备一挥，系统即可扣除卡里相应的港币，终端收到相应的人民币。不要小看这普通的一挥卡，后面连接的是一个为港珠澳大桥量身定做的收费系统——"银联移动支付应用平台"，可根据即时汇率结算通行费。如果将该系统扩展到粤港澳大湾区各类消费场景，这将为解决粤港澳大湾区三地融合中关键的支付环节打下坚实基础。

根据国家有关外汇管理规定，港珠澳大桥收费站现金收费为人民币，非现金结算以人民币计价。为兼顾港澳地区居民的支付习惯，对于人工车道未携带人民币的

◀‖ 港珠澳大桥收费站 ‖▶

客户，港珠澳大桥管理局将开通银行卡、支付宝、微信等非现金电子支付方式。

18. 由桥梁大国走向桥梁强国

中国是桥梁古国，有着"世界桥梁博物馆"的美誉。桥梁作为中国古代建筑的重要组成部分，几千年来，中国人民修建了数以万计的奇巧壮丽的桥梁，将建筑、艺术和科技有机融合，成为中国优秀传统文化的重要载体。它们中有赵州桥、卢沟桥、广济桥……但是曾经引以为傲的造桥技术，由于外敌入侵而没落。1949 年以来，中国建设了很多桥梁，据不完全统计到 2015 年中国各类公路桥梁有 77.9 万座。世界上没有一个国家有这么多桥梁，仅大桥、特大桥就有 8.3 万座，单从数量上看，中国绝对是个桥梁大国。但是中国众多桥梁修建仍被外国人把持：

郑州黄河大桥——比利时人

济南黄河大桥——德国人

哈尔滨松花江大桥——俄国人

蚌埠淮河大桥——英国人

沈阳浑河大桥——日本人

云南河口人字桥——-法国人

广州海珠大桥——美国人

……

港珠澳大桥技术含量高，特别是其中的岛隧工程，两个人工岛加33节沉管组成，技术复杂，工程难度大。大桥处于外海，又在珠江口，洋流活动很频繁，泥沙运动比较突出，泥沙运动对沉管安装影响很大，有很多技术难题需要解决。伶仃洋地区又是台风、季风活动很强的地方，必须选择一个合适的气候条件之下，才能够铺设管节，这是港珠澳大桥的技术含量所在。国外专家认为，港珠澳大桥工程已经达到了国际一流水平。国内专家认为，港珠澳大桥工程是我国桥梁超级工程的精品，是中国走向桥梁强国的一个重要标志。

大桥主体工程从设计到建造都达到了世界级水平。但是工程建设好只是万里长征第一步，未来120年的营运维护还要做相当多的工作。工程技术与海上安全只是港珠澳大桥面临的一部分考验，这座大桥由粤、港、澳三地共同建成，三地在建设理念、设计习惯上存在差异，而未来桥梁的管理也需要三方共同协商解决，可谓任重而道远。

# 五、伶仃洋上锻造中国奇迹

港珠澳大桥的绿色实践 >>>

港珠澳大桥作为粤港澳大湾区的先导和试验田工程，是我国第一座在"一国两制"框架下跨越粤港澳三地海域的跨境海洋工程。但伶仃洋海域是中华白海豚的最大栖息地和保护区，大桥正好穿越珠江口中华白海豚国家级自然保护区，周边海洋环境极为敏感。为确保工程对中华白海豚影响减至最低，绿色理念和"就高不就低"的原则贯穿整个施工过程，技术要求更高、难度更大，各项环保措施力争做到极致。最终，港珠澳大桥实现了环境"零污染"和中华白海豚"零伤亡"，大桥建设者兑现了"世纪工程完成、白海豚不搬家"的最初承诺。

前文提到，港珠澳大桥施工方面面临着香港国际机场限高、横跨中华白海豚保护区、海水腐蚀等客观环境制约因素，对整个工程施工的安全、环保、工期、质量等全方面提出了高要求，给工程师们带来了一个又一个巨大的难题。特别是环保方面的问题，如果因为建设大桥而损坏环境，赶走白海豚，这就与建设大桥的初心相背离了。所以在港珠澳大桥工程的施工周期内，技术人员创新了很多工法，推动大桥建设的绿色实践往前大跨步地迈进了。

2011年，港珠澳大桥管理局借鉴国外及香港的先进工程管理理念和做法，创新性地引入专门的环保顾问团。港珠澳大桥工程复杂，建材消耗量巨大，施工工艺复杂，建设期和运营期节能减排潜力巨大。工程依托国家科技支撑计划项目《港珠澳大桥跨海集群工程建设关键技术研

◁‖ 正在嬉戏的中华白海豚 ‖▷

究与示范》，基于全生命周期理论，首次提出工程能耗和排放的内源性和外源性概念，系统构建节能减排指标体系及核算方法，并对节能减排工程措施进行了实际应用，节能减排效果显著。

　　和其他国内外大多数跨海大桥不同的是，港珠澳大桥是像"搭积木"一样拼装出来的。先在珠海、中山、东莞等地的工厂里把沉管、桥墩、桥面、钢箱梁、钢管桩等"模块"生产出来，等伶仃洋海域施工"窗口期"一到，再一块块、一层层、一段段地拼装起来。"大型化、工厂化、标准化、装配化"的"四化"建设理念在港珠澳大桥工程首次实现，最大限度地减少了水泥等材料对海洋环境的污染。

　　"人与自然和谐相处"的"绿色"发展理念体现在工程中的管理、设计等各层面。如创新性地提出 HSE（健康、安全、生态）一体化管理理念，在桥墩布设中充分考虑防洪纳潮因素，在桥塔、人工岛外观设计中巧妙融合自然环境。

　　"全寿命周期规划"理念，不仅充分考虑施工建设期，更充分考虑运营管理、维护保养需求，保障整个工程 120 年全寿命周期内，结构功能满足使用要求且成本最低；具有可持续发展价值及高度前瞻性，落实贯彻"建造世界级跨海通道，为用户提供优质服务，成为地标性建筑"的建设目标。

工程建设必须最大限度地减少对白海豚的影响，不能污染周围的水环境。为此，大桥的非通航孔桥部分，由原来的318个桥墩减少到224个。工程师又通过优化设计，减少大桥占用的海域面积，在工程建设中减少淤泥量、打桩作业量和在海上的作业时间……每一步都要考虑工程对环境的影响，把对中华白海豚的侵扰降至最低。

珠江口中华白海豚国家级自然保护区位于珠江口水域内伶仃岛至牛头岛之间，面积约460平方千米，相当于6个香港岛。1999年10月由广东省政府批准建立

◁‖完善的白海豚保护制度使观测到的白海豚数量不降反升‖▷

珠江口中华白海豚自然保护区，2003年6月由国务院正式批准晋升为国家级自然保护区。2007年11月保护区加入中国生物圈保护区网络，成为中国人与生物圈大家族中的一员。该保护区的建立不但最大限度地减少了人为干扰，在挽救濒危的中华白海豚种群同时，也保护了珠江口水域自然环境的生物多样性，修复了海洋生态系统，增殖了渔业资源，为经济可持续发展提供了保障。

为了做好白海豚的保护工作，港珠澳大桥成立专门的研究团队，用了8年时间，拍摄记录到了2000头左右的白海豚个体行为特征，其中光拍摄的照片就有几十万张；根据白海豚的"背鳍识别"来进行数量统计工作，为每一头白海豚都建立了身份识别档案。采用在相关海域中每隔一段距离布置一个水听器的方法，用来记录白海豚在自然水域中的哨叫声，根据哨叫声绘制了全球第一个中华白海豚的行为谱。8年来，科

◁‖ 白海豚跃出海面，背景是港珠澳大桥 ‖▷

研人员就是靠这种"笨"办法确认了大约2300头白海豚的实际存在。

建立"观豚员证"培训持证上岗制度。在港珠澳大桥主体工程的建设期间，每一艘施工船上，无论是交通船、定位船还是运输船都安排一名白海豚观察员。一旦发现白海豚的踪迹，观豚员就先通过对讲机叫停施工，将竹竿插入水中，用锤子敲打竹竿，进行无害驱赶，然后再观察15分钟，确认未发现踪迹再恢复施工。同时，所有施工船舶要减速慢行，以免白海豚受到高速螺旋桨的伤害。

8年间，港珠澳大桥工程直接投入白海豚生态补偿费用8000万元，用于施工中相关的监测费用4137万元，环保顾问费用900万元，渔业资源生态损失补偿约1.88亿元，环保课题研究约1000万元，其他约800万元，总计投入约3.4亿元。

超级工程的"世界之最" >>>

自2009年12月动工以来，港珠澳大桥的建设者们面对重重考验，运用多项尖端科技，攻坚克难推进超级工程建设，取得了500多项国家专利技术。在沉管施工中，团队创造了"半个月内连续安装两节沉管""极限3毫米对接偏差"等多个世界纪录。采用主动止水的沉管隧道最终接头，化被动止水为主动式压接止水，变人工作业为机械化作业，降低了水下作业强度，确保了施工质量。

1. 刷新纪录的"中国标准"

港珠澳大桥打破了国内的"惯例",提出了"120年"设计使用寿命的要求。为了这高出20年的"标准",港珠澳大桥从规划设计到施工制造,从工程管理到质量控制都进行了突破。

◁‖ 港珠澳大桥的建设者为了抓住大桥建设的天气窗口期,正在港珠澳大桥九洲航道桥面铺设沥青的工人们轮流吃饭 ‖▷

港珠澳大桥可谓"块头大、身板硬",作为世界上最长的跨海钢桥,仅主体工程的钢用量就达42万吨,可抗16级强台风、8级强地震。为了保障工程的120年使用寿命,一系列新材料、新技术、新装备应运而生,在多个领域填补了我国行业标准和国家标准的空白,诸多施工工艺及标准皆达国际领先水平。"港珠澳大桥标准"正在成为走向世界的"中国标准"。

2. 具有"教科书"意义的科研创新

为了破解港珠澳大桥设计、工艺、设备、管理等方面的诸多难题,科研创新成为工程项目推进的必要手段,国家科技支撑计划是最具浓墨重彩的一笔。

2010年,"港珠澳大桥跨海集群工程建设关键技术与示范"正式列入"十一五"国家科技支撑计划。由交通运输部组织实施,研究参与单位包括21家企事业单位、8所高等院校,形成了以企业为龙头,产学研结合、覆盖桥、岛、隧工程全产业链的"智囊团",科研队伍人数超过 500 人，共设 5 大课题、19 个子课题、73 项课题研究。

相关课题研究形成了一批重大技术攻关成果，共获国内专利授权 53 项，编制标准、指南 30 项，获得软件著作权 11 项，出版专著 18 部，发表科技论文 235 篇。研究成果大范围应用于项目实践，解决了工程推进中的重点难题，有力支撑了港珠澳大桥工程的顺利推进，同时将对我国大型跨海通道工程技术进步发挥重要推动作用。

开创性的工程管理理念。全寿命全过程周期规划，需求引导设计；大型化、标准化、工厂化、装配化；立足自主创新，整合全球优势资源；绿色环保、可持续发展。理念涵盖设计、施工、生态环保等多个领域，是交通行业的一次划时代飞跃。

奉献者锻造的不朽丰碑 ⟫⟫

一分耕耘，一分收获。自港珠澳大桥工程开工以来，建设者队伍中的 41 个集体、24 名个人获得了省部级以上的表彰，其中 16 个集体、9 名个人获得了国家级荣誉，1 名一线技术工人被表彰为"大国工匠"。港珠澳大桥工程俨然成为培养中国交通建设人才的"黄埔军校"。

1. 孟凡超：港珠澳大桥总设计师

孟凡超，国内知名桥梁专家，1959 年 12 月出生于四川遂宁，1982 年 7 月毕业于重庆交通学院（现重庆交通大学）桥梁与隧道专业，工学学士，从事公路特大型桥梁勘察设计 30 余年。现任中交公路规划设计院有限公司董事、副总经理，兼任中国土木工

◀‖ 可爱的港珠澳大桥建设者们 ‖▶

程学会桥梁及结构工程分会、混凝土及预应力混凝土分会和中国公路学会桥梁和结构工程分会副理事长，国际桥梁协会委员，中国《土木工程学报》编委会委员，交通运输部专家委员会委员。

港珠澳大桥总设计师孟凡超

自 1982 年参加工作以来，孟凡超先后主持、参与完成了 20 多项国内外著名的特大型桥梁工程的勘察设计工作。荣获中国工程设计大师、国务院政府特殊津贴、首批新世纪百千万人

才工程国家级人选、交通部新世纪十百千人才工程第一层次人选、中国交通建设十大桥梁人物等称号；荣获全国优秀工程设计金质奖、茅以升桥梁青年奖等。曾经完成厦门海沧大桥、南京长江第三大桥、武汉阳逻长江大桥主桥、青岛海湾大桥、杭州湾跨海大桥等项目的方案设计、总体设计、初步设计及施工图设计。

2004 年年初，港珠澳大桥的前期工作启动，孟凡超被任命为主体工程总设计师，开始了港珠澳大桥的工程核心性研究报告的前期规划。2009 年 12 月完成港珠澳大桥主体工程初步设计。2011 年 2 月至 2012 年 10 月，他又主持完成了港珠澳大桥深水区桥梁工程施工图设计。

2. 朱永灵：港珠澳大桥管理局局长

他是港珠澳大桥这一举世瞩目的"超级工程"的"三军总司令"。在他的决策和管理下，一个个建设难题被不断攻克，一个个奇迹被创造。他就是港珠澳大桥管理局局长朱永灵。

朱永灵，湖南人，1982 年毕业于同济大学公路与城市道路专业。从港珠澳大桥前期工作协调小组办公室主任到港珠澳大桥管理局局长，

◁|| 港珠澳大桥管理局局长朱永灵（右）与岛隧工程总
经理林鸣合影 ||▷

朱永灵用了 14 年的时间专注于港珠澳大桥建设一件事。这 14 年，他积极协调沟通三方，持续紧抓工程建设管理，全力推进了工程建设。

港珠澳大桥是一个复杂的桥梁工程项目，更是一个复杂的工程管理系统，前期筹备推进十分艰难。2004 年 3 月，朱永灵被聘为港珠澳大桥前期工作协调小组办公室主任，他带领团队通过大量的调研工作，充分了解三地的政策法规、管理体制、办事程序、技术标准。面对大桥方案落脚点的选择、通道线位的确定、口岸查验模式的论证、锚地的协调、融资方案分析确立，乃至项目范围的分割和管理架构的选定等涉及大桥工程可行性研究的各项重大事项，反复论证，反复协调，摸索总结出了项目协调决策机制的宝贵经验，提出的各种创新性建议。这对项目的顺利实施起到了关键性作用，推动了三地政府各项重要决策的形成，为 2009 年 10 月港珠澳大桥工程可行性研究获得国务院常务会议正式批准做出了积极贡献。

2010 年 7 月，朱永灵被任命为港珠澳大桥管理局局长，全面负责大桥主体工程的建设、运营和维护管理工作。在港珠澳大桥整个建设周期内，朱永灵以身作则，始终牢记"120 年使用寿命"的质量目标，继续发挥前期工作时期总结的重大分析决策机制的作用，确立建设目标，提出并贯彻一系列科学先进建设理念，以"大型化、标准化、工厂化、装配化"为抓手，通过科技创新和重大设备、装备的研发，不断解决建设中遇到的各种难题，全力推进工程建设。

创新是驱动力。建设过程中，朱永灵对建设理念、设计方案、施工技术、项目管理等方面开展了一系列创新。此外，他还带领管理局、依托三地政府，在现有法律法规基础上，对设计施工总承包管理模式、质量管理体系、应急安全与环保等进行管理创新。

2011 年至 2017 年，朱永灵连续 7 年的春节都在工地现场度过。他在抓好工程建设管理、组织协调各方进度的同时，十分注重抓好思想政治工作，以抵御工程建设周期长带来的精神懈怠风险。在朱永灵的带领下，港珠澳大桥连续取得了岛隧工程、桥梁工程、桥面铺装三条战线和东西人工岛工程、基础处理、管节制造、浮运沉放、最终接头安装、桥梁工程基础工程施工、墩台制造、钢结构制造、架设安装、钢桥面铺装等"攻坚战"的全面胜利。

3. 林鸣：岛隧工程项目总工程师

林鸣，中国交建总工程师。1957 年 10 月出生于江苏兴化，1981 年 5 月入党。他长期在施工一线从事桥梁、隧道、海洋工程等技术工作。近 40 年的职业生涯里，林鸣走遍了祖国的大江南北，建起了众多桥梁，方便了各地的人民。

林鸣主持修建的第一座桥梁，就是珠海大桥。后来，他又接手了淇澳大桥的兴建。2005 年起参与港珠澳大桥前期筹备工作，自 2010 年 12 月起，担任港珠澳大桥岛隧工程项目总经理、总工程师，率领近万人的建设大军奔赴珠江口伶仃洋，开始了攀登世界桥梁工程技术高峰的创新之路。2014 年 4 月 21 日荣获"2014 年度感动交通十大年度人物"称号，2015 年 4 月 28 日被中共中央、国务院授予 2015 年度"全

◁‖林鸣‖▷

国劳动模范"荣誉称号。2018年4月，获得2018年度"最美职工"荣誉称号。2018年11月，荣获第三届"百名网络正能量榜样"。

林鸣主持建设港珠澳大桥难度最大的岛隧工程，是大桥的关键性控制性工程，是我国建设的第一条外海沉管隧道，也是世界上规模最大的公路沉管隧道和唯一的深埋沉管隧道。隧道由33节沉管对接而成，每节沉管重达约8万吨，相当于一艘重型航空母舰，在海底深处对接，误差只能是几厘米，设计施工均无成熟经验可以借鉴。当今世界只有极少数国家掌握外海沉管建设核心技术。林鸣带队前往韩国釜山考察，希望学习类似工程的建设经验。然而，他只被允许乘坐交通艇在数百米外转了几圈，拍了几张照片就无奈回国了。林鸣又找了一家荷兰公司，不料对方一开口要15亿人民币，而且只提供技术咨询，既不提供设备，也不负责安装。就在这种情况下，林鸣带领团队开启了这项世界级顶尖难度的自主技术攻关。

林鸣常说，超级工程背后起决定作用的是人的因素和团队的力量。2013年5月，港珠澳大桥岛隧工程首节沉管E1开始安装，困难重重，充满挑战。林鸣率领团队历经96个小时海上日夜鏖战终于成功安装，开启了中国外海沉管隧道建设的先河。在沉管E7安装完毕，E8沉管安装准备的关键时期，林鸣却因过度劳累倒下了，四天内进行了两次全麻手术。术后第七天，他毅然回到安装船上指挥作战，直到安装成功才下船复查。2014年11月，第15节沉管安装遭遇基槽异常回淤，历经三次浮运、两次回拖，林鸣带领团队持续奋战了150多个日日夜夜，三战伶仃洋，共同应对了一场严峻的挑战。在沉管隧道最终接头安装后，本着对国家工程的责任担当和自主创新技术的自信，林鸣率领团队在外海连续作业40个小时，将最终接头精调至最佳状态。

4. 刘晓东：岛隧工程施工图设计总负责人和项目副总经理

刘晓东,1970年出生在江苏扬州。2010年年底开始担任港珠澳大桥岛隧工程施工图设计总负责人和岛隧工程项目副总经理。他有近 30 年的桥梁设计建设经历，参与建造过江阴长江大桥、厦门海沧大桥、深圳湾跨海通道和武汉君山大桥。面对中国首条于外海建设的超大型深埋沉管隧道，也是世界跨海通道建设史上综合难度最大的工程之一，他同样不畏艰难，迎难而上。同时，他所承受的压力是常人难以想象的。每当他回想起 7 年来的工作艰辛，刘晓东不由得感叹："曾经一度是硬着头皮往前走啊！"但是无论面对多大困难，遇到多大压力，在

◀⃒港珠澳大桥岛隧项目副总经理、总设计师刘晓东 ▐▶

任何时候、任何场合，他始终保持着沉着、从容而冷静的儒雅风度，给队员们以信心和力量。

在日夜奋战的施工现场，同事们从未见过刘晓东训斥或者当面批评过任何人。如果他说"请您再检查一下计算模型"，或"请再仔细复核一下吧"，那此时，刘晓东必定是发现了其中的错误，而给对方留以纠正错误的机会。充分尊重团队每一个成员，这是刘晓东最宝贵的品格。他懂得，尊重和信赖是领导技术型团队的关键，要给技术人员相对宽松的环境和愉悦的心情。

5. 大国工匠：管延安

管延安，1977 年 6 月 19 日出生于山东潍坊，1995 年参加工作。

管延安在参加了港珠澳大桥岛隧工程建设过程中，是中交港珠澳大桥岛隧工程Ⅴ工区航修队钳工，负责沉管二次舾装、管内电气管线、压载水系统等设备的拆装维护以及船机设备的维修保养等工作。先后荣获港珠澳大桥岛隧工程"劳务之星"和"明星员工"称号，因其精湛的操作技艺被誉为中国"深海钳工"第一人。2015 年"五一"前夕，中央

◁‖ 大国工匠管延安 ‖▷

电视台系列纪录片《大国工匠》之《深海钳工》专题播出他的先进事迹。

18 岁管延安就开始跟着师傅学习钳工；"干一行，爱一行，钻一行"是他对自己的要求。二十多年的勤学苦练和对工作的专注，心灵手巧的他不但精通錾、削、钻、铰、攻、套、铆、磨、矫正、弯形等各门钳工工艺，而且对电器安装调试、设备维修也是得心应手。

2013 年年初，管延安来到珠海桂山牛头岛，成为岛隧工程建设大军一员。他所负责的沉管舾装作业，导向杆和导向托架安装精度要求极高，接缝处间隙误差不得超过 ±1 毫米，管延安做到了零缝隙。每次安装，他都会带领舾装班组同测量人员密切配合，利用千斤顶边安装边调整。以追求极致的态度，不厌其烦地重复检查、重复练习，直至达到"零误差"标准。

E15 沉管第三次浮运安装期间，管内压载水系统突发故障，水箱不能进水，沉管安装只能暂停，必须安排人员进入半浮在海中的沉管内维修。浮在水上的沉管犹如一个巨大的混凝土箱子，除了一个直径一米多点的入孔，没有其他的换气通道，空气湿度在95%以上，里面又闷又湿，施工环境非常恶劣，进入这样的环境施工，让人非常难受。

危急时刻，管延安带领班组人员快速开启入孔盖板进行检修，不一会儿，身上的工作服就湿透了，他顾不上擦汗，神情专注地进行着检修。从打开密封的入孔盖板进入管内检修、排除故障，到完成入孔盖板密封，全程不超过 3 小时，效率之高令人惊讶。"这都得益于之前无数次的演练，我们在每节沉管沉放前至少要做 3 次应急演练。这是第 15 节沉管，至少完成了 45 次演练。"管延安谦虚地说。

管延安常跟年轻同事经常说的话就是"再检查一遍"，强调最多的就是"反复检查"。同班组小张说："管师傅上个螺丝都要检查 3 遍。"

管延安习惯将每次的修理细节详细记录在个人的"修理日志"上，遇到了什么情况、怎样处理，都"记录在案"。从入行到现在，他已记录了厚厚四大本。在这些"文物"里，除了文字还有他自创的"图解"。一个个细小突破的集成，一件件普通工作的累积，成就了"大国工匠"的传奇。

每次沉管浮运安装前，岛隧工程项目总经理部都会组织全面精细的风险排查，针对所负责的任务，他有自己的一套检查方法。在一次对已安装完成的水下线缆固定卡环例行检查中，他发现线缆没有包胶皮。虽然规范没有要求，但经验丰富的管延安知道，包胶皮后能降低线缆的磨损。于是他立即组织班组人员，将卡环一一拆开，包好胶皮，再重新安装。他用一个个最简单的细节教会了年轻人最重要的道理。

管延安还建立起一套完善的设备管理机制，每一件设备都进行编号管理，每一个蝶阀都标明使用次数，并将林鸣总经理"一丝不苟，不让隐患出坞门"的要求制作成标语，醒目地立在航修队基地。"这个标语就是我们的警示牌，每天一上班就会看见它，时时刻刻警示我们设备维修、管理都要做到100%，绝对不能有侥幸之心。"管延安说。

专注，做什么事情都静得下心来，这是同事们对管延安的一致评价。每次沉管安装完成后，压载水系统的电动蝶阀都要从沉管里面拆回牛头岛，经过维修、检测后方能重复使用。法兰盘是蝶阀的关键部件，每次维修管延安都亲自动手。铺开耐水砂纸，倒上研磨油，随着手臂不急不缓的摆动，一个直径 20 多厘米的金属盘在砂纸上均匀地画着圈。管延安边磨边向徒弟讲解要领，十分钟，二十分钟，半个小时过去了，原来锈迹斑斑的法兰盘变得光滑锃亮，管延安沿着盘边摸了一圈，均匀地涂上黄油，细心地装配到电动蝶阀上。

为确保工程120年的使用寿命，工程严格采用了世界最高标准。面对大量高科技、新工艺和高质量的挑战，管延安从零开始，虚心学习，一步步成长为中国"深海钳工"第一人。100多条主线，1000多条支线，错综复杂的管线从沉管里接通到"津安3"指挥舱控制中心。"这些管线都是连接大脑和身体各部位的神经，每一个接点都必须连接到位，每一条线路都必须保证通畅。如果在沉放时任何一条线出现问题，沉管就不可能完成精确对接。"管延安边指导徒弟边说道。

提到首节沉管二次舾装，管延安记得最清楚的还是中间发生的一次"事故"。当时在进行压载水试验，刚刚安装的一个蝶阀出现了渗漏现象。"当时还是太大意了，心想这个活儿在其他地方干了不知道多少次了。蝶阀是新的，安装前进行试压检查时都是好好的，没想到一到试验时就出了问题。后来检查发现还是试压的时间不够。"这件事情给管延安上了生动一课：不管新旧蝶阀，他都要逐一仔细检查，确保试压的时间不少于半个小时。

凭着高超的技艺、精益求精的"匠心"，以及求知若渴的"痴心"，管延安成为中国"深海钳工"第一人。"我平时最喜欢听的就是锤子敲击时发出的声音。"二十多年的钳工生涯，他不仅把钳工当作了自己的事业，也深深地体会到了工作带来的乐趣。

6. 刘春喜：严控超级工程的"安全阀"

刘春喜，1961年生，毕业后一直在武昌船舶重工股份有限公司任职，从一名船体装配工自学成长为安全工程师。2012年，刘春喜被任命为港珠澳大桥桥梁工程CB02标项目部副经理，主管HSE(Health、Safety、Environment)管理工作。该标段在港珠澳大桥建设任务中做到了"零事故、零污染"。参与港珠澳大桥工程建设对于刘春喜来说是一个厚积薄发的机会，他的工作能力得到了业主的高度认可。

CB02 标负责港珠澳大桥主体工程的钢箱梁采购与制造，合同段长 7 千米，制造量达 16 万吨。钢箱梁的板单元在武汉总部生产后，运输到中山基地拼装，拼装好的钢箱梁大节段从中山经海运到港珠澳大桥桥址安装。

◀‖刘春喜：严控超级工程的"安全阀" ‖▶

"搞清楚这个大流程下的每个工作环节，是做好安全管理工作的前提。"刘春喜介绍，建设期间，武汉总部的生产车间有 500 多名工人，中山基地有 700 多名工人，海上桥址处有 200 多名工人。超级工程拉起来的"超长战线"和"超多人员"对原本就是一个复杂体系的 HSE 管理工作提出了前所未有的挑战。他从每个环节入手，从细微之处的"可能性"和"敏感性"进行分析，制定了细致可行的安全管理方案。

当了 10 年工人，刘春喜切身体会到工人的艰辛。"能用设备替代的工种就购置设备，减少人的参与；不能用设备替代的工种，则要工人在安全的环境下工作。"刘春喜在这方面是很"固执"的。在钢箱梁生产和拼装过程中，焊接贯穿产品生产的始终，而焊接过程高温燃烧后产生的电焊烟尘中含有二氧化锰、氟化物、臭氧等有害物质，人体吸入后容易产生头晕、头痛、咳嗽、胸闷气短等不适，严重的可能导致烟气中毒或尘肺病。为降低焊接的危险因素，花近千万元购置专门吸烟尘机器，确保工人施工环境的相对安全。

巨型钢塔吊装施工期间经常需要在狭小的空间里施工，受海上平台所限很难搭建作业平台。有工人说上去几分钟就下来了，搭个防护栏杆耽误半天太麻烦。刘春喜坚持，即便只上去一分钟，也必须搭好外围防护栏杆，穿好防护服，不能因为赶工期而松了"安全阀"。

HSE 管理是一个集职业健康、生产安全、环境保护为一体的管理体系。刘春喜在环境保护上的做法眼光长远、树立了行业标杆。钢结构在涂装时需要喷砂，这导致了严重的粉尘污染。为此，涂装车间配置了烟尘收集器，将烟尘收集过滤后交给专业的环保处理公司回收处理，循环再用。刘春喜说："钢结构涂装车间里最大的投入就是环保设备，废料处理也是一笔很大的费用，但是这钱花得值。"

港珠澳大桥跨越白海豚保护区，施工船舶航行过程中很可能会遇到白海豚。刘春喜培养了 20 多位了解白海豚生活习性的观察员，每次航行都要配备一位观察员，看到白海豚马上停航让路。他还咨询了专家，在标段内应用"敲竹竿"驱赶白海豚的方法。他叮嘱观察员："敲的时候不能太重，白海豚胆小，一旦惊到它们反而可能会在惊慌中撞上船只"。

7. 胡从柱：从勤奋的一线工人到创新专家

胡从柱，1970 年出生，现任中建钢构有限公司华南大区综合工长、工程师。1986 年，他进入中建三局一公司安装处，跟着施工队来到深圳，做起了吊装工人。

从一线工人起步，胡从柱打下了坚实的吊装技能。1995 年，已成为吊装班组长的他参与了当时亚洲第一高楼深圳地王大厦的建设，还创造了施工全过程中构件无一坠落、人员无一伤亡的成绩。32 年来，胡从柱先后参建了 35 项工程，走过了祖国的 16 个城

◄‖ 中建钢构有限公司华南大区综合工长、工程师胡从柱 ‖►

市，但回忆起这些工程，他表示印象最深刻的还是港澳珠大桥珠海口岸项目。

2015 年 5 月 24 日，刚完成昆明会展的胡从柱接到公司通知前往港珠澳大桥珠海口岸项目，尽管知道这个项目很有难度，他还是担起了这份责任。

港珠澳大桥珠海口岸项目的工地属于人工岛，用砂石回填的人工岛上地基比较软，吊车很难直接行走，运输成了很大的困难。胡从柱便铺设钢板，提前规划行车路线以保证设备正常运输。工地四周毫无遮挡，每天海风达到 4、5 级，作业环境十分恶劣，吊装作业的时间空间都受到了限制，但这也并没有打倒胡从柱。他创新采用了小型设备原位拼装整体提升的技术，之后再用大型设备进行吊装，也提高了工程效率，顺利完成了港珠澳大桥珠海口岸旅检大楼 A 区近 7 万平方米的屋面网架安装。

从事了钢结构建筑工作之后，胡从柱就很少在一个地方长期居住。珠海、肇庆、莆田、福州，一年间他已经走过 4 个城市，对家人欠缺的陪伴也成了他心里最大的亏欠。2015 年参与到港珠澳大桥珠海口岸项目之后，一切起居生活都在岛上解决，工程紧张，很多时候都需要通宵达旦地拼装施工。恰巧此时他妻子生了病，胡从柱很纠结，他不想耽误工程，但对生病的妻子也非常牵挂。项目经理知道之后允许他请假回家，但当时项目正处于抢工期，他思量再三还是婉拒了批假。这段时间胡从柱先后 6 次组织提升讨论会，7 次修改方案，完成了提升的关键工作，工程建设也在他的指挥下顺利地进行着。等关键部分结束之后，胡从柱才匆忙回家，此时他妻子已经做完手术。"我无愧我的工作，但最对不起的就是我的妻子。"

在中建钢构里有这样一句话："有困难，找从柱。"胡从柱不畏艰难，面对新问题总能找到新的解决方法。这句话既是对他工作的肯定，也是一种激励，"我以后的工作还得更加脚踏实地才行。"中建钢构"优秀员工"、广东省"五一劳动奖章"、广东省"南粤工匠"、全国"五一劳动奖章"、全国"最美职工"……这些称号表明了胡从柱在钢结构建设中的不平凡成绩。"人们总提到匠心精神，在我看来，匠心精神是对职业的一种尊敬。有耐心、勤勤恳恳做事、追求专业的精神，便是对匠心最好的诠释。"

32年来，从一名吊装工、到吊装大班长，再到如今成长为一名生产经理，他的能力得到了同行的高度认可，为人处事也受人尊重。尽管工作至今已经获得了很多荣誉，但他始终认为自己就是一个普通人。胡从柱说："建筑工人的生活虽然很枯燥、很辛苦，但是看到自己的建设给祖国带来了变化，我感到很自豪、很骄傲。"未来，他希望能够再参与几项钢结构工程，继续为祖国的工程建设发光发热。

六、港珠澳大桥推动粤港澳大湾区发展

2018年10月23日上午，港珠澳大桥开通仪式在珠海举行。消息迅速传遍四海，大桥也成为万众瞩目的焦点。2017年7月1日，适逢香港回归20周年，习近平总书记专程考察港珠澳大桥香港段建设工地。时隔1年，大桥通车之际，习近平总书记亲自宣布大桥开通并巡览大桥，对建设成就给予高度肯定。

港珠澳大桥路通三地财通三地 >>>

区域经济的发展离不开发达的交通网络，重要的交通基础设施也会对区域经济和城市间协调发展产生深远影响。港珠澳大桥建成通车以后，粤港澳三地融合发展就有了更加坚实的基础。

全长55千米的港珠澳大桥，由香港行车至珠海、澳门从3个多小时缩短至45分钟左右。行车时间的大幅缩短，意味着运输、时间成本的下降，便利了区域内物流、人流乃至资金流、信息流的快速流动。

目前，货物走水路运至香港需要约两天时间，走陆路约要1天。大桥口岸开通后，物流时间将压缩至短短几个钟头，企业经营成本有望大大降低。港珠澳大桥的开通，珠港物流业将迎来新的发展机遇期。

大桥通车将给粤港澳大湾区内各城市带来共赢。珠江西岸城市直通香港后，可对接香港乃至全球创新资源，带来全球优质的人才、资金、信息和技术，提升大湾区整体科创能力。

粤港澳大湾区，由香港、澳门两个特别行政区和广东省广州、深圳、珠海、佛山、惠州、东莞、中山、江门、肇庆（珠三角九市）组成，总面积 5.65 万平方千米，占全国 13% 的经济总量，2018 年年末总人口已达 7000 万人，是中国开放程度最高、经济活力最强的区域之一，在国家发展大局中具有重要战略地位。以香港、澳门、深圳、广州四大中心城市作为区域发展的核心引擎。推进粤港澳大湾区建设，是以习近平同志为核心的党中央做出的重大决策，是习近平总书记亲自谋划、亲自部署、亲自推动的国家战略，是新时代推动形成全面开放新格局的新举措，也是推动"一国两制"事业发展的新实践。推进建设粤港澳大湾区，有利于深化内地和港澳交流合作，对港澳参与国家发展战略，提升竞争力，保持长期繁荣稳定具有重要意义。2015 年 3 月，国家发改委、外交部、商务部经国务院授权发布了《推动共建丝绸之路经济带和 21 世纪海上丝绸之路的愿景与行动》，并首次提出要"深化合作，打造粤港澳大湾区"。2017 年 7 月 1 日，习近平总书记出席《深化粤港澳合作 推进大湾区建设框架协议》签署仪式 。2019 年 2 月 18 日，中共中央、国务院印发《粤港澳大湾区发展规划纲要》。按照规划纲要，粤港澳大湾区不仅要建成充满活力的世界级城市群、国际科技创新中心、"一带一路"建设的重要支撑、内地与港澳深度合作示范区，还要打造成宜居宜业宜游的优质生活圈，成为全面高质量发展的典范。

实现中央的目标要求，一要继续发挥珠三角等沿海地区龙头的引领作用，实行更加积极主动的开发战略，与世界深度互动，向世界深度开放，全面提升开放型经济水平。二要在经济新常态下，特别是在"十三五"规划时期和今后更长一段时期，区域发展格局上有新突破，促进粤港澳大湾区融合发展，带动全国实现新的开放，形成东中西联动发展新局面。三要打造区域新的增长极，释放更强经济社会发展新活力。粤港澳大湾区融合发展对实现"两个一百年"奋斗目标，具有特别重大的意义。

第一，促进粤港澳大湾区融合发展，有助于形成区域经济增长新引擎，为国民经济增长注入新动力。在过去的 30 多年中，长三角、珠三角和京津冀是带动中国高速发展的三大增长极。在未来，保持经济中高速增长，仍然需要发挥这些增长极的带动作用。综合分析长三角、珠三角和京津冀地区，珠三角发展仍处于可以大有作为的机遇期，具有独特的区位优势和综合经济要素融合优势，经济实力极强，极具活力等优势，完全有条件建成世界一流湾区，在引领中国经济社会发展上发挥越来越重要的作用。这也是优化区域发展格局的主要目的之一，即打造更高层次的区域发展新引擎。

第二，促进粤港澳大湾区融合发展，有助于优化资源空间配置，提高国民经济运行效率。我国经过30多年的快速发展，创造了经济奇迹，但同时也面临两大约束，一个是能源约束，另一个是环境约束。珠三角也率先遇到了空间、资源约束问题，土地供需矛盾突出，给经济可持续发展带来了新的挑战。当前，是坚持"五大发展理念"、加快转变经济发展方式的关键时期。进一步创新资源利用方式、挖掘资源潜力、优化空间资源配置、保障经济发展的空间需求，是深化改革、创新驱动的内在要求，是加快产业转型升级，构建现代产业体系的迫切需要，是增强经济发展后劲，加快建设世界级城市圈的必然选择。打造粤港澳大湾区，培育一批具有综合竞争力的创新型企业和产业集群，让各类发展资源在空间上的配置更加合理。

第三，促进粤港澳大湾区融合发展，有助于早日实现海洋强国战略、经略南海，建设海上丝绸之路战略基地。推进"一带一路"建设，"一带"主要着眼于加快向西开放，打破以美国为首的围堵；"一路"主要着眼于加快建设海上战略支点，建设海洋强国。南海连接太平洋与印度洋，是众多国际航运线的必经之路。粤港澳大湾区，背靠大陆面向南海，地处海上丝绸之路战略要冲，是建设"21世纪海上丝绸之路"的桥头堡。粤港澳大湾区在建设海上丝绸之路中将发挥关键性的作用。

第四，促进粤港澳大湾区融合发展，有助于促进港澳地区长期稳定繁荣。港珠澳大桥的"一国两制"三地是"试验田",为粤港澳大湾区的融合发展提供了很好的"范本"。在"一国两制"框架下,以共建粤港澳大湾区为理念,创新区域发展新机制,促进粤港澳紧密合作,丰富"一国两制"的伟大实践。

港珠澳大桥助力粤港澳大湾区融合发展 >>>

珠三角9市中,位于珠江东岸的是深圳、东莞、惠州;位于珠江西岸的是珠海、佛山、中山、江门、肇庆。2017年,珠三角9市经济总量排名依次是:深圳、广州、佛山、东莞、惠州、中山、江门、珠海、肇庆。改革开放初期,珠三角西岸的珠海、中山和江门三市的经济总量是东岸的深圳、东莞和惠州三市的1.65倍,近40年来以深圳为首的东岸经济取得迅猛发展,全面赶超了西岸。2015年东岸三市的经济总量、固定资产投资额、社会消费零售额、对外进出口额、外商直接投资额和港口货物吞吐量分别为西岸三市的3.70、1.80、2.72、4.64、3.68和1.54倍。2015年东岸三市出口香港总额高达1.01万亿元,是西岸的11.53倍。很显然,珠江西岸的经济总量,远不及珠江东岸。东岸毗邻香港,在吸纳海量投资和先进技术方面具有先天性优势,而西岸与香港之间的经济往来受到珠江阻隔、水运效率低下且易受天气影响和绕行通行费昂贵的虎门大桥等诸多挑战,难以得到香港优势经济的有效辐射。珠江两岸经济、对外贸易和交通基建等方面的不对等直接导致珠江两岸城市群难以实现系统协同发展,严重制约了大珠三角地区的可持续发展。

衡量一座城市的经济实力,上市公司数量是一项重要指标。公开资料显示,截至2018年1月5日,珠海拥有境内外上市公司37家;而截至2017年10月16日,深圳境内外上市企业累计已达382家。并非珠海制度优势不足,而是地缘优势不够,与香港陆运交通可达性短板是造成珠江西岸地区经济发展滞后的主要原因之一。

此前，广深港高铁开通，广州、深圳、香港之间的互联互通变得更为紧密。为推进粤港澳大湾区均衡发展，港珠澳大桥的建设与通车显得更加重要。香港的经济和产业辐射效应，将覆盖至珠海乃至珠江西岸，对于珠三角西部高质量发展具有重大支撑作用。

以香港为中心来看，广深港高铁向北，港珠澳大桥向西，这两个大型基础设施类似两条"臂膀"，环抱香港。不过，港珠澳大桥是客货两运，广深港高铁是客运。未来香港与珠海的货运，可以直接通过港珠澳大桥，而不用再通过其他城市中转。

之前有广深港高铁，随着港珠澳大桥通车，粤港澳大湾区物理层面互联互通已基本实现。随着下一步搞好三地人员和信息流通，消除粤港澳三地体制机制障碍，提高粤港澳大湾区人流、物流和资金流的"效率"，打造高质量粤港澳大湾区指日可待。

粤港澳大湾区"一个国家、两种制度、三个关税区、四个核心城市"的发展格局，既是湾区发展的特色，也是湾区城市群融合的难点。湾区城市群中广东9市和香港、澳门分属于不同关税区域，城市经济制度、法律体系和行政体系之间存在较大差异，各类要素难以实现自由流动。另外，城市间也存在产业同质化竞争和资源错配现象，导致湾区内部城市间资源整合的难度较大，不仅不能产生协同效应，甚至加剧了产业的无序竞争。三个独立关税区使其区域税制大不相同，不同城市间的市场机制也不尽相同，使得城市群内部市场分割严重，区域资源配置中难以发挥市场的作用，而政府追求发展政绩则进一步要求城市进行产业投资和扩张，使低端产业重复建设并影响区域整体资源配置效率。另外，粤港澳大湾区"9+2"城市构成，区域范围相近但城市间缺乏健全有效的合作机制。珠三角9市与香港、澳门尽管经济合作频繁，但尚未形成健全而有效的合作机制。粤港和粤澳之间尽管有两地高层领导间的会晤和沟通机制，但缺乏制度规范，难以提高合作效率。在"一国两制"背景下，大湾区必须打破行政壁垒和制度障碍，将三地间各要素活力加以释放，使资源能在市场调节下优化配置，以提升区域间的产业合作效率，释放更大的产业动能。

从港珠澳大桥工程实践来看，"一国两制三地"的困难是可以顺利解决的，好处也是无法比拟的。

港珠澳大桥是三方首次在一个实体上共建共管共享，粤港澳大湾区要三方在一个实体上建基础设施、做科研研发，也必须要有项目法人和内部架构。从实操层面去考虑，建议设立粤港澳大湾区建设管理局。

港珠澳大桥是一个跨越"一国两制三地"的超级工程，打开了粤港澳大湾区无限的发展空间。从港珠澳大桥到粤港澳大湾区，实际上就是从超级工程到世界级湾区的巨大飞跃。港珠澳大桥是粤港澳大湾区的"试验田"，为粤港澳大湾区的建设提供了借鉴。通过"试验田"的成功实施，已经可以看到粤港澳大湾区的光明前景。大湾区这一国家级区域战略力图构建"内部版的欧盟"：首先在湾区内的各城市之间达成一系列的经济合作和整合协议，逐步实现湾区内劳动力等经济要素的自由流动。同时在经济融合的过程中逐步探索内地、香港和澳门社会治理制度的对接和整合。在经济社会制度的全面整合过程中通过发展来解决港澳面临的经济转型和社会治理困境，并逐渐消除香港、澳门民众对内地的心理隔阂，构建其强烈的国家认同意识，让香港、澳门与国家整体的前途命运紧紧地联系在一起。从长远看，如果大湾区战略能够成功地实现内地与港澳在经济和社会治理方面的资源整合，对台湾地区会形成非常正面的示范效应，对于祖国完全统一后的地区治理问题也会积累相当丰富的经验。从这个角度看，港珠澳大桥工程建设这个"试验田"是非常有政治意义的工程项目。

大桥开通之际，粤港澳三方完成了港珠澳大桥开通运营涉及大桥车辆规管和配额、跨境机动车保险及理赔、交通和治安管理等30多项政策制定，按照三方达成的共识，粤港在大桥开通前后新增1.1万个跨界私家车配额。

当然，港珠澳大桥配套项目还有许多问题有待解决或正在解决过程中，融合还不够完美，三地合作的层次和水平还有待提高。三地融合并不是一件容易的事情，这需要时间，也需要耐心，更需要粤港澳三地持之以恒的努力，而每次点滴进步，都是对"一国两制"政策的发展与完善，都是向粤港澳大湾区完全融合发展迈出的坚实一步。

一座大桥改变的两岸三地城市面貌 >>>

港珠澳大桥通车，一桥飞架三地，改变了时空。

港珠澳大桥是我国桥梁建设史上的一项伟大工程，也是世界桥梁建设事业上的伟大创举，港珠澳大桥的建成引起了全国上下的高度赞扬，也受到全世界人民的关注。

港珠澳大桥具有显著改善陆运交通可达性的突出优势，对于连通地区的社会整体经济格局演变具有深远影响。国外学者对厄勒海峡跨海大桥建成通车前后社会效益进行分析，由于对航空、边境负面影响小以及庞大的本地劳工市场集聚效应使得大桥更具社会经济竞争力。

"一桥拉动，珠三角西部棋子全盘皆活。"港珠澳大桥通车后，对香港、澳门和珠海最为直观的影响是，三地人员的往来将更为便捷了。

港珠澳大桥等跨境工程的建成，对港澳的未来发展将起到加速器的作用。就拿香港来说吧，之前，特首林郑月娥发表题为"坚定前行，燃点希望"的 2018 年施政报告，其中"明日大屿"愿景备受关注。但如果目光只盯着"填海""解决土地供应"等问题，格局未免小了点。把大屿山放在粤港澳大湾区发展的大盘子中，才能体会特区政府的战略眼光和良苦用心。大屿山是香港机场所在地，与珠三角西部相邻，港珠澳大桥的香港起点正位于大屿山，梁振英和林郑月娥前后两任特首都有志于将大屿山打造为香港通往世界各地和大珠三角地区的"双门户"。

40 年前珠三角还是香港、澳门隔壁的穷邻居、穷亲戚，而今深圳市的 GDP 总量已经超过香港。

近年来，香港经济增长建设放缓、贫富差距不断拉大，青年人就业市场缩窄以及住房矛盾严峻等社会问题有所加剧，影响香港社会稳定。而港珠澳大桥开通后，香港和珠海等珠江西岸城市合作会更加便捷，城市间的专业劳动力市场和服务业等都可以向香港和澳门开放。香港和澳门的劳动力以及社会服务等也可以向珠海等西岸城市自由流动，实现城市间的合作双赢。

香港、深圳、澳门等城市在去除农业用地和生态用地等不可建设用地以外，可以建设用地数量相当有限，而且随着产业不断扩大以及人口的不断增长，使得这些城市发展空间日益受限。香港、深圳、澳门等城市经济发展面临着人力成本、经济成本以及土地成本不断上升的严峻形势，成本上升过快必然导致经济回报效益减小。这些城市以传统产业为主，不仅面临着人力成本和土地交易成本的窘境，也都面临着矿产资源和能源的相对匮乏，需要从外部大量引进，所以必须具备发达的交通运输条件，而陆路交通是最方便的一种交通形式。港珠澳大桥的开通，使得香港、深圳的东岸城市经济发展受制于有限的土地资源的情况得以改善，可以和西岸珠海、中山等城市进行城市间的土地资源和产业资源的

◀◀ 香港大屿山若隐若现 ▶▶

优势互补。大桥的开通，使得香港的高生活成本问题、市民工作生活缺少多元选择问题都能得到一定程度的缓解，能扩大市民的选择空间，增加供应，降低生活成

本，提供更优质的生活环境。

2018年10月24日上午9时，港珠澳大桥正式建成通车，极大地缩短了大陆、香港和澳门之间的通行时间。港珠澳大桥建成通车后，西岸经济关联强度提升幅度显著的城市是珠海和中山，而东岸则集中在香港和深圳，香港和珠海的经济关联强度提升幅度和增长率均位居前两位，香港和深圳的航运业和现代服务业等发达产业的优势将进一步凸显，珠海的房地产和旅游等服务性行业也可以从中获益；澳门由于自身产业较为单一，与东岸地区的经济互动主要集中在旅游业和博彩业等第三产业上。目前需要解决的是港珠澳大桥降低通行费用和减少通关时间等问题，让港珠澳大桥所具备的时间成本优势能够充分地释放出来，否则，和虎门大桥及以后的深中通道相比不具备显著性优势，这将会影响除珠海外其他西岸城市如江门市的获益发展。

港珠澳大桥的建成推动香港、澳门和珠江三角洲的经济发展，互通有无，实现经济的交流与合作，科学技术的共享发展。促进三地人民的交往，文化的交流，减少文化隔阂。

港珠澳大桥的通车运营，澳门与香港、珠海融为"一小时经济圈"，三地人流、车流、物流更加紧密地联系在一起。有分析人士指出，基础设施的互联互通，不仅促进区域内经济协同发展，更有助于珠海、澳门经济结构升级和适度多元发展，发挥自身独特优势，加速融入粤港澳大湾区。

大桥开通后，澳门居民的生活圈、工作圈和服务圈也会随之扩展，可以更加便利地前往大湾区各地工作、求学、就业、创业和享受湾区内的各种服务，为澳门居民特别是年轻人带来更大生活空间和发展机遇。

港珠澳大桥的开通标志着粤港澳三地融合速度的提升，澳门旅游业迎来新的发展机遇期。人流和车流的增加，将促进澳门旅游业以及相关的酒店业、餐饮业、零售业、交通运输业等调整升级，优化整体产品质量和服务水平，以实现旅游业的区域协同发展。

大三巴牌坊、妈阁庙、郑家大屋、旧城街道等构成的澳门历史城区，早在 2005 年就被联合国教科文组织列入"世界遗产名录"。2017 年，澳门更获评联合国教科文组织"创意城市美食之都"。2018 年大桥开通后的 10 月、11 月、12 月，入境澳门的不过夜游客大幅增加 313.2%、26.9% 和 28.9%。澳门旅客数量超过 3580 万人次，其中内地旅客超过 2500 万人次，均创下新高。大桥的通车，让澳门与周边地区加速融合，无疑对澳门旅游业带来新的助力。

澳门旅游业仍有扩展空间，通过持续改善交通网络和基础设施，提升港珠澳大桥通关便利化程度，加强旅游人才培养，可以吸引更多内地和国际游客到澳门旅游，进一步提高游客数量。

澳门还是粤港澳大湾区重要的货物贸易中转站，港珠澳大桥的通车让港澳之间第一次实现陆路直通，把两个自由港紧密地联系在一起，与背靠内地的珠海也增加了一条快捷通道。澳门口岸管理区设置了大型物流设施，将极大提高物流运输和周转效率。粤港澳三地人流、物流可以通过港珠澳大桥，更便捷地前往目的地，对澳门的经济、社会、商贸都有直接的帮助。

为配合大桥通车，澳门也加快了城市内部的基础设施建设。澳门已建成了接驳新城 A 区北部与友谊圆形地的连接通道，今后还将兴建新城 A 区至澳门半岛的另外三条连接通道，以及新城 A 区连接离岛的澳凼第四条跨海大桥。

港珠澳大桥通车后，人流、物流、车流都会增加，澳门将继续建设完善公共交通和配套设施，未雨绸缪，做好大桥的设施及其管理，制定相关的制度和规则。

大桥的开通为珠澳、港澳间增加陆路运输渠道，从而提升运输效率、减少运输成本，直接带动澳门民生用品、航空货物进出口及转口物流业的发展。

澳门青年就业创业一直是澳门特区政府十分关注的问题。港珠澳大桥的开通，将把大湾区各个城市所开设的众创空间和孵化器拉入澳门一小时通勤圈内，而其他城市的各类人才也能进入澳门创业者的视线。随着大桥的运作逐渐顺畅和高效，澳门青年既可以招徕大湾区各地人才在家创业，也可以走出去闯出一片天。

港珠澳大桥的开通是一个契机，在澳门加速融合大湾区的过程中，区域内城市之间人才和资源的流动必然会比开通之前更顺畅。

促进三地的交流，助力"一国两制"。我国大陆实行社会主义制度，香港和澳门回归后保持原有的资本主义制度和生活方式。"一国两制"是我国实行的长期的基本国策，是我国政治生活的重要举措。港珠澳大桥的开通，方便了香港和澳门同胞对大陆社会主义制度的了解，对党和政府政策和制度的深入了解，能够更好地维护祖国统一。

港珠澳大桥打造粤港澳大湾区一小时生活圈 >>>

10多年前，有人要从香港到珠海参加活动，怎么走？查了一下，走陆路三四个小时、水路一个多小时，还不包括两头接驳的时间。最后决定，先坐船到澳门，再过关到珠海，至少还熟门熟路，时间灵活。

10多年后的今天，全长55千米，中国建设史上里程最长、施工难度最大的跨海桥梁港珠澳大桥横空出世，香港到珠海只需30分钟的车程，并首次实现珠海、澳门与香港的陆路对接。当人们还在盘点这项"超级工程"创下了多少"世界之最"时，"住在珠海、娱乐在澳门、购物在香港"的广告已经出炉。

大桥建造之初，三地政府希望大桥能够便捷港澳及珠江两岸之间的交通联系，挖掘珠江西岸的发展潜力，同时拓展三地的经济发展空间。大桥建成以后，从香港到珠海的交通时间已由水路1小时以上、陆路3小时以上，缩短至30分钟以内，形成了粤港澳三地"一小时经济生活圈"，这对珠江两岸的发展，以及港澳地区的持续繁荣稳定都带来积极的作用。随着大湾区交通网络逐步完善，"一小时旅游圈"不再是空中楼阁。

港珠澳大桥开通后，香港、珠海、澳门三地间的时空距离将大大缩短——驾车从香港到珠海、澳门，将从3小时缩短至30分钟，珠三角西部都将被纳入香港3小时车程范围。还有，随着广深港高铁（香港段）以及莲塘/香园围陆路口岸这两个与港珠澳大桥并称香港三大跨境工程陆续开通，由香港到粤港澳大湾区内主要城市的时间将缩短至原来的一半到三分之一。

不仅如此，这三大跨境工程如同香港的三大动脉，从东、西、中三个方向打通了香港与内地联系的通道。这不单单改变了粤港澳大湾区的时空概念，也从基础建设、交通旅游、物流运输等方面全面提升了香港的竞争力，连通着香港的未来。粤港澳大湾区城市内的互联互通，离不开跨境工程的配合。起于香港、连接大湾区的跨境工程，改变了大湾区内居民的时空概念。三大跨境工程的建设，不仅配合着整个大湾区的规划，也完善了香港本地的交通基础设施建设。多个跨境项目的相互配合发挥出协同作用，巩固着香港作为亚太地区交通枢纽的重要地位。

要想富先修路。港珠澳大桥的通车，打通了大湾区的东西两轴，填补了短板，使整个区域的发展更加均衡，大湾区内资金、人员、物流等生产要素的流通将变得更便捷，其影响将辐射整个珠三角地区，将带来巨大的商机。港珠澳大桥本身是很好的旅游景点，相信大桥通车将促成更多的"珠三角+港澳"旅行线路出炉，港澳旅游业人士对即将到达的人流正翘首以待。

被誉为国家"超级工程"的港珠澳大桥则改变了大湾区的空间概念，让整个大湾区协调、平衡地发展。整个大湾区的规划是东西两轴并进的，港珠澳大桥作为一个连接纽带，打通了东西两轴，在大湾区实现了真正的互联。

香港地理位置优越，它是整个亚太地区的中心，也是世界重要的交通枢纽。不少亚太地区的乘客都选择从香港转机到内地各个城市，无论对内地还是境外，香港都承担着较重的航空运输任务。近年来，香港国际机场飞机起降量持续上升，机场升降容量日趋饱和。香港机场目前在建设第三条跑道，受各方面条件制约，香港没有能力和空间再建设第四条跑道。广深港高铁将分流一部分原来选择乘飞机到内地的乘客，为国际航班"匀"出更多空间，提升香港国际交通枢纽地位。港珠澳大桥通车后，珠海机场则立即可以成为香港的"第四条跑道"，境外乘客到达香港后，可通过港珠澳大桥到珠海转机到内地其他城市。

港珠澳大桥的开通，不仅从交通层面提升了香港竞争力，物流、旅游、创新科技等多个行业将受惠于这个工程。物流行业是跨境项目的直接受惠者。港珠澳大桥给香港到澳门及珠海的物流业提供了新选择。虽然陆路运输较海路运输贵，但是陆路运输时间灵活、运输分量选择余地大、可靠性高，这对香港物流业是新机遇。在旅游业方面，大桥开通后带来的人流也将进一步促进香港乃至整个粤港澳大湾区旅游业的发展。

随着广深港高铁、港珠澳大桥等跨境项目的完成，大湾区"一小时生活圈"已经成形，改变了大湾区的时空概念，拉近了珠江东西两岸城市间的距离，更缩短了两岸人民的心理距离，更有利于港澳青年融入国家发展大局，到广阔天地中寻找更多更大的机遇。香港分析人士认为，随着粤港澳大湾区建设更加成熟，释放的潜力将会更大。

港珠澳大桥为粤港澳大湾区发展插上腾飞翅膀 >>>

自 2018 年 10 月 24 日上午正式通车运营以来，港珠澳大桥受到内地、香港和澳门居民热捧，三地口岸快捷的通关模式更是赢得赞誉。据香港入境处统计，港珠澳大桥开通仅 7 小时，就有 2.3 万人次经大桥进出香港。这既体现了大桥的高人气，也表明了人们对更加美好生活的期待。

港珠澳大桥既是一项交通工程，又是一个公共事业。粤港澳三地在大桥上创新的合作模式将延伸到文化、教育、医疗、养老等民生领域，有效提高大湾区居民的生活质量。广深港高铁香港段和港珠澳大桥相继开通，有助于青年更准确认识内地、把握国家发展机遇，让他们对未来的生活模式有了更多选择。交通越来越发达，同胞也越走越近。港珠澳大桥在缩短地理距离的同时，更深化了同胞血缘之情。三地一小时生活圈让三地民众心与心的距离更近。

港珠澳大桥除了工程浩大、投资巨大外，在一个国家内，跨三个实行不同法律制度、行政制度的地区建设运营，之前国际国内从未有先例。港珠澳大桥这片粤港澳大湾区的"试验田"，如何实现在"一国两制"三地中顺利"通关"？

港珠澳大桥作为粤港澳大湾区的"试验田"，通过实践证明离开中央政府来谈粤港澳三地的跨境项目是很困难的，中央支持推动是大湾区建设的关键因素。所以，看待粤港澳大湾区不能只停留在经济领域，要把它放在政治的维度上来看。粤港澳大湾区的建设，同样需要中央有力的协调，用行政的手段消除阻碍市场机制发挥的行政力量。有人用"一二三三三"来概括粤港澳大湾区的现状：一个国家、两种制度、三种货币、三个独立关税区、三个独立的管理体制。"一国两制"三地既是港珠澳大桥和粤港澳大湾区建设的独特性、创新性所在，又是复杂性、艰巨性所在。而屹立于伶仃洋海域的港珠澳大桥，正飞越这样独特的制度安排，跨越无形与有形的界限，为粤港澳大湾区的建设打开广阔空间。

2018 年 8 月 15 日，粤港澳大湾区建设领导小组举行第一次全体会议。值此由中央规划、牵头的粤港澳大湾区，给了这片改革开放的前沿一个新的腾飞的契机。

9 月 16 日下午 5 时，强台风"山竹"在广东登陆，处于台风圈内的港珠澳大桥扛住了最高 16 级风力，现场情况一切正常。在"天鸽""帕卡"后，港珠澳大桥第三次经受住了强台风考验。香港、澳门方面在港珠澳大桥建设中的参与，尤其是香港牵头大桥的前期工作，使大桥的研究论证工作能够充分听取其意见，也有利于充分吸收相关国际经验。港珠澳大桥在技术标准上采用"就高不就低"的原则，成就了这项超级工程。这些技术标准目前已经被整理成系列，被"一带一路"沿线国家所接受，已经成了粤港澳大湾区的"名片"，飞向了各个友邻国家。

港珠澳大桥建成通车对珠江两岸地区最直接的影响体现在能够显著压缩两岸城市群之间的陆运时间距离，进而增强两岸城市间的陆运连通性和经济关联度。香港、珠海和澳门作为港珠澳大桥连通珠江两岸地区的衔接节点，受跨海大桥直接经济效益的辐射效果最为明显，并向珠江两岸内陆的经济腹地延伸，珠海作为跨海大桥最重要的西岸连接点，与香港的经济关联指数数值在跨海大桥建成通车后明显上升。港珠澳大桥的建成通车有助于西岸城市直接吸纳香港资本和引入先进技术资源，能有效推动两岸地区产业互补协同发展，进而成为大珠三角地区最具经济发展潜力的地区之一，为粤港澳大湾区的再次腾飞打下坚实基础。目前需要解决的问题：受港珠澳大桥三种收费准则和粤港澳海关查验时间延迟双重影响，两岸城市群间的经济关联强度具有差异性，通行费会增加通行车辆所有者的运营成本，而海关查验会延长通行时间，二者产生的阻碍作用很大程度上会抵消甚至消除由港珠澳大桥压缩时间成本而产生的部分经济效益。

大湾区建设要对目前存在的问题进行归纳，有些问题可以通过立法，解决不了也要有层级的解决机制。在粤港澳大湾区的建设中，各属地政府应及时对共识进行固化，及时签署具备操作性的政府间协议，为大湾区建设提供共同的行动纲领。

港珠澳大桥的建成，是粤港澳大湾区融合与发展的生动案例！港珠澳大桥建成通车，拉近的不仅仅是粤港澳三地的时空距离。在大桥工程建设过程中，粤港澳三方深度交流与磨合，诞生了一大批新机制和合作方式，为粤港澳大湾区建设做出有益尝试。

通过港珠澳大桥这个"超级工程"的成功建设及开通，港澳的法治制度、营商模式和其他有益的社会治理制度中的可借鉴之处能够以适合中国国情的方式同内地的制度相整合，助推中国的法治和社会建设，对于中国各个层面的深度改革也大有裨益。

# 附录一：港珠澳大桥建设大事记

2002年：1997年亚洲金融危机后，香港特区政府为振兴香港经济，寻找新的经济增长点，认为有必要尽快建设连接香港、澳门和珠海的跨海陆路通道，以充分发挥香港、澳门的优势，并于2002年向中央政府提出了修建港珠澳大桥的建议。

2003年8月4日，国务院正式批准粤港澳三地政府开展港珠澳大桥前期工作，同意粤港澳三地成立"港珠澳大桥前期工作协调小组"，全面开展各项前期工作。

2004年3月，港珠澳大桥前期工作协调小组办公室成立，全面启动大桥建设前期工作。

2005年4月，国家发改委主持召开了港珠澳大桥桥位技术方案论证会，确定了大桥东岸以香港散石湾为登陆点，西岸以拱北/明珠为登陆点，推荐采用北线桥隧组合方案。

2006年12月27日国务院决定由国家发改委牵头成立"港珠澳大桥专责小组"，由中央牵头协调各方面利益，以加快港珠澳大桥的建设进展，有力推动建设项目的进一步落实。

2008年8月粤港合作联席会议第十一次会议提出，大桥海中桥隧主体工程采用"政府全额出资本金方式"；大桥主体工程资本金总额为157.3亿元，其中内地政府出资70亿元，香港出资67.5亿元，澳门出资19.8亿元；资本金以外部分由粤港澳三方共同组建的项目管理机构通过贷款来筹集。大桥建成后实行收费还贷。

2009 年 10 月 28 日，国务院常务会议正式批准港珠澳大桥工程可行性研究报告。

2009 年 12 月 15 日，时任国务院副总理李克强同志亲临珠海宣布港珠澳大桥正式开工。

2010 年 8 月 3 日，港珠澳大桥珠澳口岸人工岛填海工程抛石出水；11 月 2 日交通运输部批复了港珠澳大桥主体工程技术设计（交公路发〔2010〕622 号）。12 月 28 日，岛隧工程沉管隧道干坞预制动工。

2011 年 5 月 15 日，岛隧工程西人工岛首个钢圆筒振沉成功；9 月 11 日岛隧工程西人工岛最后一个钢圆筒振沉成功，西人工岛顺利成岛；9 月 22，东人工岛首个钢圆筒顺利振沉；12 月 7 日，人工岛主体结构完工。

2011 年 12 月 14 日，港珠澳大桥香港口岸正式开工。

2012 年 7 月，大桥主体工程桥梁工程开工；12 月 28 日山桥中山基地举行开工仪式，标志着港珠澳大桥钢箱梁组拼工作正式开始。

2013 年 5 月 6 日，大桥岛隧工程首节沉管成功实现与西人工岛暗埋段的对接；6 月 3 日，大桥首个承台墩身整体顺利安装到位；2013 年 6 月 20 日港珠澳大桥 CB03 标首个整体埋置式墩台成功安装，这也是国内首个整体埋置式墩台；7 月 30 日，岛隧工程首节 180 米标准管节顺利完成浮运安装任务。

2014 年 1 月 19 日，大桥深海区首跨钢箱梁架设成功；2014 年 2 月 24 日岛隧工程 E9 管节顺利沉放安装。隧道安装水深突破 40 米，穿过临时航道，进一步走向深海。

2015 年 1 月 8 日，大桥主体工程青州航道桥主塔封顶；2 月 2 日，大桥主体工程第一座桥塔——九洲航道桥 206 号墩上塔柱完成整体提升竖转；2 月 23 日，青州航道桥 56 号墩索塔"中国结"结形撑首个节段吊装成功；8 月 23 日，江海直达船航道桥首个"海豚"塔成功吊装；9

月6日，桥梁工程完成最后一件上节墩身安装，主体工程220座墩台全线完工；11月22日，九洲航道桥段主体完工。2015年12月21日岛隧工程E24沉管安装成功。海底隧道在海底延伸至4185米。

2016年1月13日，岛隧工程28个直线段沉管预制全部完成；4月11日，青州航道桥合龙；6月2日，江海直达船航道桥138号钢塔成功吊装，大桥主体工程7座桥塔施工全部完成；6月29日，港珠澳大桥主体桥梁合龙；9月27日，港珠澳大桥主体桥梁工程贯通。

2017年3月7日，海底隧道最后一节沉管成功安装；4月10日，大桥珠海连接线拱北隧道全贯通；2017年5月27日港珠澳大桥主体工程主线浇筑式沥青铺装圆满完成；7月7日，大桥海底隧道暨大桥主体工程全线贯通；7月28日，西人工岛主体建筑封顶；8月31日，东人工岛主体建筑封顶；12月21日，港珠澳大桥主体工程车辆通行费收费标准听证会在珠海举行；12月31日，大桥主体工程点亮全线灯光，主体工程的施工任务基本完成，基本具备通车条件。

2018年2月6日，港珠澳大桥主体工程完成验收。

2018年9月28日，港珠澳大桥首次三地联合试运行，为大桥全线开通做准备。

2018年10月23日上午，港珠澳大桥开通仪式在广东珠海举行。中共中央总书记、国家主席、中央军委主席习近平出席仪式，宣布大桥正式开通并巡览大桥。10月24日上午9时，港珠澳大桥正式通车运营。

附录二：英国《卫报》新世界七大奇迹

1. 北京大兴国际机场（Beijing Daxing International Airport）

2015 年工程师与建筑师不断拓展设计的边界，创造无与伦比的建筑之美。英国《卫报》评选出"新世界七大奇迹"，作为未来世界上最大航空港——北京新机场处于榜首位置。英国女建筑师扎哈·哈迪德赋予了机场设计全新生命力，呈辐射状的新航站楼将大大减少旅客的换乘距离，屋顶外观则采用设计师标志性的流线型设计。

北京大兴国际机场，是建设在北京市大兴区与河北省廊坊市广阳区之间的超大型国际航空综合交通连接的枢纽。新机场按照客流吞吐量 1 亿人次，飞机起降量 80 万架次的规模建设 7 条跑道和约 140 万平方米的航站楼；机场预留控制用地按照旅客吞吐量 1.3 亿人次，飞机起降量 103 万架次，9 条跑道的规模预留。

机场主体工程占地多在北京境内，是继北京首都国际机场、北京南苑机场后北京的第三个客运机场。本期建设 4 条跑道及 1 条军民两用跑

◀‖ 北京大兴国际机场全景图 ‖▶

道，70 万平方米航站楼，客机近机位 92 个。当在客流达到 4500 万人次时，届时将建设第一卫星厅，使航站楼面积达到 82 万平方米，客机近机位 137 个，满足 7200 万客流量的需求。

2019 年 5 月 13 日 9 时 29 分，第一架试飞飞机降落大兴机场。

2019 年 9 月 25 日，北京大兴国际机场正式投入运营。

2. 沙特王国塔（Kingdom Tower）

王国塔是沙特阿拉伯计划耗资 300 亿美元建造的世界第一高楼，周围还将建造一座面积为 23 平方千米的新城，可容纳 8 万人和 100 万游客，而"国王塔"将作为这座 8 万人口新城的中心地标。

最初沙特有关部门的目的是建一座高 1.61 千米（1 英里）的塔，这高度乘坐普通

◀‖ 王国塔设计图 ‖▶

电梯需要 12 分钟才能到达塔顶，但是有人担心该地的土质无法承受这么庞大的建筑的重压，最终他们放弃了这个念头，改建高为 1 千米的超级大厦。

"国王塔"预计投资 300 亿美元，将建 275 层，届时要到塔顶，乘坐普通电梯需要 12 分钟。其设计高度是迪拜的"迪拜塔"的两倍，是英国最高建筑"碎片大厦"的 5 倍。据了解，"国王塔"在红海东海岸的吉达市北部 20 千米处，"国王塔"及周围将建的 23 平方千米新城将由沙特阿拉伯王室拥有的全国最大的王国控股公司(KHC)出资，由美国建筑师阿德里安·史密斯设计，阿联酋的艾玛尔地产集团已经中标负责

建设，该塔是集酒店、写字楼、住宅公寓为一体的超级——摩天大厦。占地大约 2206.67 平方千米。

3. 港珠澳大桥（Hong Kong–Zhuhai–Macao Bridge）

自从 1997 年香港回归以来，中国政府一直致力于密切珠海、澳门和香港的区域往来。这座长达 55 千米的超级跨海大桥 2018 年 10 月开通后立即取代胶州湾跨海大桥成为新的世界第一。

港珠澳大桥是中国境内一座连接香港、珠海和澳门三个城市的桥岛隧工程，位于中国广东省伶仃洋区域内，为珠江三角洲地区环线高速公路南环段。

港珠澳大桥工程于 2009 年 12 月 15 日动工建设；于 2017 年 7 月 7 日实现主体工程全线贯通；于 2018 年 2 月 6 日完成主体工程验收；于 2018 年 10 月 24 日上午 9 时正式开通运营。

港珠澳大桥东起大屿山香港国际机场附近的香港口岸人工岛，向西横跨南海伶仃洋后连接珠澳口岸人工岛，止于珠海洪湾立交；桥隧全长 55 千米，其中主桥 29.6 千米、香港口岸至珠澳口岸 41.6 千米；桥面为

◀‖ 彤日映大桥 ‖▶

双向六车道高速公路，设计最高速度 100 千米 / 时；工程项目总投资额约 1200 亿元。

4.乌克兰切尔诺贝利核反应堆钢铁外层

2007 年 9 月 17 日，乌克兰政府宣布将搭建一个巨型的钢铁外层，用于重新覆盖曾发生全球最严重核泄漏事故的切尔诺贝利核电站。

据英国广播公司报道，乌克兰政府雇用了一家法国公司，负责搭建一个钢铁外层结构，取代 1986 年掩盖核反应堆的混凝土外层。这一混凝土外层在发生核事故后仓促建成，已出现部分损坏，因此乌克兰政府计划建筑新的钢铁外层，遮盖曾发生核泄漏的反应堆和放射性材料。

新的钢铁外层工程计划耗资 14 亿美元，由国际捐献者出资，并由欧洲重建与开发银行监督资金营运，预计将在 5 年内竣工。

乌克兰政府表示，新的钢铁外层结构建成后，将可进行拆卸核反应堆的工作。这个反应堆仍包含 95% 的原核材料，并被暴露在外。因施工质量粗糙，现有的混凝土保护外层非常脆弱。乌克兰政府同时还与美国公司达成协议，在切尔诺贝利核电站的 30 千米"隔离区"内建造一个储存设施，收藏核电站泄漏的核废料。

◁▮乌克兰切尔诺贝利核反应堆钢铁外层建筑 ▮▷

在 1986 年 4 月 26 日，切尔诺贝利核泄漏事故发生之后，苏联工程师们匆忙搭成水泥箱将核反应堆封闭。目前，一座新的钢拱结构建筑正在建设之中，从而让起重机将来可以在屋顶上开展拆除工作。这项工程难度极大，特别是对于工人的迅速转移能力是一种考验——一旦随身携带的放射性测量计数值过高，他们就得立马放下手头工作撤离。

5. 麦加 Abraj Kudai 酒店

麦加大清真寺在很长一段时间内都会淹没在起重机的海洋中，因为这座穆斯林圣地要为每年涌入的两百万朝觐圣徒扩容。不过，这项工作被部分人士认为是对伊斯兰古文明的一次毁灭。从高空俯瞰大清真寺，附近有世界第四高楼 Abraj al Bait 可以为人们提供奢华的住宿服务。其中，还有由 12 座高楼簇拥而成的

◀▮ 麦加 Abraj Kudai 酒店 ▮▶

Abraj Kudai 酒店竣工后可为游客提供超过 1 万个住宿房间。

Abraj Kudai 酒店由达尔建筑集团公司斥资 35 亿美元打造。这是一家拥有 12 座高楼、1 万间客房、70 个餐厅、外加多个直升机场和一个全尺寸会议中心的酒店，其占地面积达 140 万平方米。12 座高楼围成一圈拔地而起，提供 1 万间客房，远远超出目前世界最大酒店米高梅酒店 6198 间的客房量。

6. 伦敦 Crossrail 工程

伦敦目前正在进行的一项耗资 260 亿美元的铁路项目。

伦敦地铁网络发达，为了确保这座拥有八百万人口的大城市运转正常，这里的通勤控制系统已经到了令人炫目的程度。Crossrail 的出现

将把希思罗机场与伦敦东部和中西部地区连接在一起。不过考虑到伦敦老旧的基础设施和有限的扩张空间，这项工程的存在不免有些奇怪。

7. 巴黎 FFR 大体育场

体育场是近距离体验大型体育项目的首选地点。但是，建设一座九成时间闲置、一成时间爆满的建筑是非常浪费的，同时这也是这座为法国橄榄球比赛设计的体育场面临的挑战之一。FFR 大体育场可容纳 82 000 名观众到场，配有间距可伸缩的座椅，外观庄严宏伟，同时装有移动顶棚，可以在必要时成为室内场馆，供人们健身活动使用。

◀‖ 伦敦 Crossrail 工程截面图 ‖▶

◀‖ 巴黎 FFR 大体育场 ‖▶

（书中部分图片引自相关媒体，特向原作者真诚致谢，欢迎您与我们联系，我们将按有关规定支付稿酬）